逃离『智能陷阱』

郭永芬 等 著

中学生电子产品合理使用指南

数字时代，电子产品是学习利器，也是“智能陷阱”。

本书有数据、有理论、有方法、有温度，

帮助孩子趋利避害，做自己时间的主人。

上海社会科学院出版社
SHANGHAI ACADEMY OF SOCIAL SCIENCES PRESS

图书在版编目(CIP)数据

逃离"智能陷阱"：中学生电子产品合理使用指南 / 郭永芬等著 .— 上海 ：上海社会科学院出版社，2023
ISBN 978－7－5520－4153－8

Ⅰ．①逃… Ⅱ．①郭… Ⅲ．①电子产品—影响—青少年教育—指南 Ⅳ．①G775－62

中国国家版本馆 CIP 数据核字(2023)第 130583 号

逃离"智能陷阱"：中学生电子产品合理使用指南

著　　者：郭永芬 等
责任编辑：周　霈
封面设计：裘幼华
出版发行：上海社会科学院出版社
　　　　　上海顺昌路 622 号　邮编 200025
　　　　　电话总机 021－63315947　销售热线 021－53063735
　　　　　http://www.sassp.cn　E-mail:sassp@sassp.cn
照　　排：南京理工出版信息技术有限公司
印　　刷：上海新文印刷厂有限公司
开　　本：890 毫米×1240 毫米　1/32
印　　张：7
字　　数：160 千
版　　次：2023 年 8 月第 1 版　2023 年 8 月第 1 次印刷

ISBN 978－7－5520－4153－8/G・1265　　定价：58.00 元

序:一路坚持,一路追寻

郭永芬老师是2002年从华东师范大学心理系本科毕业,后在职完成硕士研究生的学业。当时华师大心理系一届学生很少,每年心理系也就招收30人左右,毕业后能进入普教系统从事中小学心理健康教育的很少,进入初级中学的更少。郭老师当届就她一人进入初中。本以为她做不久会换一个学校,至少是去高级中学,但是她坚持在心理教师岗位做下来了,这一做就是20年。工作20年之际,她拿出了她的著作《逃离"智能陷阱":中学生电子产品合理使用指南》,这是她20年来在中学生心理健康教育上的探索的结果,也是她长年坚持心理健康教育科学研究的结晶。

《逃离"智能陷阱":中学生电子产品合理使用指南》一书细细读来,深感以下特点明显:

一、基于现实需求

在当代,电子产品的使用已经成为人们生活方式的一个重要组成部分,对于青少年来说也是如此。他们使用电脑,手机或者平板电脑,在网络和朋友聊天、看视频、打游戏、社交或是查询资料、阅读小说等,给生活和学习带来很多便利与乐趣。但是也有部分中学生沉迷网络，过度使用电子产品，以致成绩下降、现实世界人际关系减少、精神萎靡不振，引发亲子矛盾冲突，甚至造成恶性事件，成为国家政策及学校教育需要面对的重要问题。

面对如何帮助中学生合理使用电子产品，避免网络成瘾的现实需求，郭老师和她的同伴在参阅丰富的文献资料的基础上，设计和实施了“中学生电子产品过度使用问题的调查与干预研究”，研究具有积极的现实意义。

二、基于调查研究

随着社会的发展，电子产品功能愈加齐全。现在的中学生使用什么电子产品？目的是什么？平均每天用多少时间？最喜欢玩什么？是否产生依赖？有哪些不良影响？不同年龄的孩子看法是否一致？回答这些问题，郭老师的研究团队不是凭空而想，随口说说，而是基于对初高中学生的问卷调查。

同时，他们并不是用无数的测验来简单化地推断学生的想法，而是进行深入访谈，让孩子表达自己的真实需求，从而让我们看到一个个生动的反映学生真实想法的案例，反映了我们这个时代中学生电子产品使用的真实情况。

三、立足实证干预

我们要怎样才能更吸引孩子，让孩子在更好地享受电子产品效用的同时，预防电子产品过度使用带来的危害？郭老师的研究团队以积极心理学理论为指导，注重中学生积极品质的培养、积极力量的激发，在顺应信息时代发展的同时，引导学生合理使用电子产品，同时进一步发挥学生的潜能，改善亲子关系。

在具体的课题开展中，郭老师她们运用了心理教育健康活动、团体辅导、学生个别辅导和亲子活动、家庭教育指导等多种方法，进行有针对性地设计和实施，通过效果分析，不但可以帮助学生学会合理使用电子产品，而且培养了学生乐观、进取、关怀、友善的心理品质，为青少年进一步的成长打下基础。

四、面向全体对象

青少年成长不是孤立地自我成长，而是处于整个社会生态环境之中，不仅受到家庭环境的影响，学生身处的各个系统，社会的方方面面都会对他们产生作用，电子产品的使用尤其如此。

本书还有几个很有实际益处的章节是对学生、家长的困惑进行梳理和解读，读来很接地气，实用价值高，不仅学生本人和学校心理老师可以阅读，学校管理人员、家长和教师也可以作为参考。但愿郭老师及其团队的努力，能够与大家共同构建起青少年成长关爱系统，让系统内的每个成员既可以成为助人者，也可以成为自助者。

作为一个长期从事中小学心理健康教育的工作者，我遇到过很多优秀的老师，有的老师课上得非常好，有的老师活动组织能力强，还有的老师做心理咨询工作很是投入，但是一直坚持课题研究的老师并不多，郭永芬老师算是一个。仅她独立完成的课题就包括上海市心理辅导协会课题“积极心理学理念指导下的初中校本心理辅导课程体系调整与完善”、国家教师科研基金课题“积极心理学理念指导下培养学生自主发展的实践研究”、上海市德尚课题“构建家校学习共同体促进与初中学生沟通的行动研究”、上海市徐汇区区级课题“初级中学心理危机干预三级预防机制修订的实践研究”，这些课题研究还得到了很多科研成果奖。本书是她参与徐汇区优秀教师高级研修班研修项目的成果，能够成书，可喜可贺，也是她在学校心理健康教育研究道路上一路坚持和追寻的结果。作为研修项目指导老师，我为她高兴，也深感荣幸和自豪。是为序。

沈之菲
上海市教育科学研究院教授
上海学生心理健康教育中心副主任
上海市中小学心理辅导协会理事长
2023 年 1 月

前　　言

记得十年前，我硕士论文的研究方向就是中学生的网络使用问题。那时候，智能电子产品还未普及，但中学生沉迷网络游戏的情况已经不鲜见，学校里每个年级都会有一部分的学生以网络游戏为“主业”，着实让老师和家长们头疼。十年间，信息技术迅猛发展，移动的网络、强大而又精准的大数据，让我们的生活高效便捷，也让我们渐渐形成依赖。中学生自然也成为电子产品的忠实客户，如何合理利用电子产品的娱乐功能与学习功能，再次成为每位中学生必须面对的成长课题。

2020 年初，疫情肆虐，全国推迟开学时间，借助发达的信息技术，我们实现了“停课不停学”，开启了线上学习的新模式。中学生也开始“正大光明”地捧着手机、平板电脑、电脑，上课、提交作业，同时这也悄然混淆了电子产品的娱乐功能与学习功能的边界。新时代，新形势，如何引导中学生健康合理地使用电子产品是所有教育者需要思考的课题。我和中国中学的胡悦、位育中学的金莉、位育初级中学的袁学佳几位伙伴都是常年从事学生心理健康教育工作的心理老师，也经常遇到同学、家长和老师关于电子产品使用困惑的求助。相同的关切让大家集结一起,开展了“中学生电子产品过度使用问题的调查与干预研究”课题研究,该课题于 2020 年 6 月立项为市“德尚”骨干项目(编号:DS2020GG001)。

课题研究中,我们通过问卷调查了 1520 名中学生,个别访谈约 40 名学生和家长,聚焦中学生电子产品使用的时间维度、功能运用、依赖程度、不良影响等方面,探索分析当代中学生电子产品的使用现状、使用规律、特点及困惑。在此基础上,运用积极心理学理念,分别从家长、老师、个体、同伴的角度开展了个案辅导、团体辅导、教师课程开发、系列家长沙龙活动等实践探索,取得了较好的成效。

本书呈现了我们课题研究的部分成果,包括中学生电子产品使用相关的文献梳理、中学生电子产品使用现状调研与访谈内容、课题组开展的实践探索内容,以及在课题研究中收集汇总的学生和家长的十大典型困惑,我们邀请了上海市各区优秀心理老师共同研讨,对每个困惑开展深入的心理分析,提出具体可操作的方法策略。

希望本书的内容,能够给苦于不知道如何指导孩子健康合理使用电子产品的家长们一些参考和支持。也许是在访谈中看到自己孩子的影子,也许是在案例中找到“原来我不是一个人在战斗”的共鸣,也许是在心理老师们的出谋划策中寻到一丝灵感……

希望本书的内容,能够给成长中的中学生们一些来自这个时代所特有的理解和提醒。记得硕士论文答辩时一位导师提出这样的疑问:“为什么我们小时候玩橡皮筋玩到忘了回家,没有人说我们上瘾,现在孩子们玩网络游戏忘了吃饭就要专门研究他们,甚至贴上成瘾的标签呢?”我想,各位中学生可能也会有类似的疑惑。时代不同,我们休闲娱乐的方式也发生了翻天覆地的变化,父母、老师对自己经历过的跳橡皮筋会特别感同身受，却往往不能理解网络游戏、短视频对大家的吸引力，或者只看到其中的不利之处，让电子产品成为“背锅侠”。希望阅读此书后，学生们对家长的“不理解”能多一份理解，在面对电子产品“无法自拔”时多一份力量，勇敢地跳出智能陷阱，成为电子产品的主人，合理利用信息时代的技术优势。

也希望本书的内容，能够给一线老师们处理相关问题时提供一些思路和帮助。我们很难像智能电子产品那样，利用大数据支撑轻松捕获学生们的眼球。但我们可以通过此书，更全面地了解中学生“机不离手”背后的心理需求，发现他们的成长动机，在学校教育中为学生创设真实的成长舞台。

最后，感谢所有参与调研和访谈的学生和家长朋友们，为我们的课题研究提供了鲜活的案例与数据；感谢所有为此书付出努力的各位老师们，谢谢你们的用心、用情，助力中学生适应信息时代的健康发展；感谢我的导师沈之菲老师、吴增强老师，该课题的顺利进行与本书的成稿得益于两位导师的专业指导；感谢徐汇区未成年人心理健康辅导中心的大力支持；感谢学校领导，本书的完成过程一直有你们的鼓励和帮助。

电子产品的使用问题是一个日新月异的领域，随着信息技术的不断发展，定有新的观点与问题涌现出来，本书呈现的内容仅基于当前的研究成果，难免有疏漏不当之处。我们将继续努力，紧跟时代步伐，为中学生健康合理使用电子产品开展持续的实践探索。

郭永芬

2023 年 1 月

目　录

第一部分
中学生电子产品使用问题研究与干预

第一章
中学生电子产品使用问题概述

进入信息时代，随着互联网技术的不断更新，各类智能电子产品的功能日益强大，人们的生活、学习、工作、人际互动的方式等都发生了巨大的变化。当代中学生成长中的点点滴滴都渗透着电子产品的影响。他们一方面享受着海量的资讯、便捷的沟通、精彩的虚拟世界等；另一方面也面临着网络游戏沉迷、短视频沉溺，甚至人际沟通匮乏、学业荒废等诸多的挑战与危机。

电子产品使用与中学生发展

大多中学生都独立拥有电子产品，以智能手机为主。除了手机本身的通讯功能之外，智能手机的技术发展使之功能丰富多彩、应有尽有，无论是学习、娱乐放松、社会交往，皆可满足，并且相对现实世界，越来越多的中学生习惯于在电子产品的虚拟世界里满足成长的各类需求。

➢ 中学生健康使用电子产品积极影响

有助于中学生释放天性

陈侠、黄希庭、白纲(2003)在《关于网络成瘾的心理学研究》一文中，提到美国心理学家金伯利·杨(Kimberly Young)提出网络的“ACE模型”：“A”即Anonymity(匿名性)，“C”即Convenience(便利性)，“E”即Escape(逃避现实性)。虚拟空间的“匿名性”、价值多元、言论“自由”，呼应中学生自我意识觉醒、追求独立自由的心理特点，让中学生可尽情释放个性、彰显自我；虚拟空间的“便利性”，让对世界充满好奇心的中学生可以随时在信息的海洋中遨游；同时，处于身心发育第二高峰期的中学生可能面临诸多成长困惑，虚拟空间的“逃避现实性”也成为中学生的“避风港”。因而，虚拟空间对中学生的吸引力不言而喻。

有助于中学生扩宽视野

高度发达的互联网技术，使得今天一个年轻人的大脑所接收的信息，已经可以远超从前一个80岁老人生平所接收到的全部信息，这在过去是无法想象的。电子产品所能调用的巨大的数据库，可以说是知识的海洋，不仅给中学生的学习提供了巨大的空间，更是开阔了他们的视野，满足了他们的好奇心。以电子阅读为例，电子书集文字、影像、声音于一身，内容生动化，且储存量大，携带方便，有助于中学生即时阅读学习。再如，线上学习，目前各类学习App琳琅满目，涵盖各个学科、各个年龄阶段，且以其突破时空限制、生动形象、可反复观看等优势赢得家长和中学生的喜爱，越来越成为中学生学习的重要方式。

有助于中学生宣泄情绪

中学生正值青春期，情绪波动大、较为敏感，同时，他们需要面对各个方面的压力，如学业压力、亲子相处的压力、同伴交往的压力等，难免会产生一些负面情绪。电子产品提供的虚拟世界是相对独立、自由与安全的，也成为了中学生发泄情绪、缓解压力的重要途径。他们可能借助电子产品听听音乐，也可能打一通激烈的游戏，抑或是无聊时刷刷短视频，让自己获得一时的放空。

有助于中学生拓展社会交往

中学时期的孩子更加注重亲子关系之外的社会交往，希望能有一两个知己为伴，相互支持。各类社交应用程序以其便利、自由、有趣等特点，成为了中学生非常喜欢的社交途径。线上交流能够满足人际关系的需要，进而激发中学生产生积极的情绪反应如愉悦、兴奋等。当中学生的现实人际交往存在困扰时，也可以通过电子产品开展网络交往，扩展和建立新的人际关系网络，从而补偿现实人际关系的不足。同时，现在有相当一部分中学生是独生子女，在居家学习的日子里与同龄人社会交往的机会较少，可以通过网络社交平台满足社交需求。

有助于中学生的职业扩展

早在 2003 年，国家体育总局就提出，电子竞技是在我国正式开展的一项体育运动项目。2016 年 8 月，教育部职业教育与成人教育司发布《关于做好 2017 年高等职业学校拟招生专业申报工作的通知》，公布了 13 个增补专业，其中包括“电子竞技运动与管理”，这意味着电子竞技专业人才培养被正式列入高等教育范围。2017 年，电子竞技被国际奥委会认定为一项运动。2019 年 4 月，人力资源和社会保障部、国家市场监管总局及国家统计局三部门正式向社会发布包括电子竞技运营师、电子竞技员等在内的 13 个新兴职业。不可否认，信息时代的发展其速度超越了我们的想象，对于从小在数字环境下长大的中学生而言，可谓是一个福音。中学生可以顺应时代发展的特点，学习、钻研数字媒体的知识与技能，充分发挥个人所长，并可能将其作为个人可选择的职业方向。

从积极的影响来看，智能电子产品的各项功能契合了中学生的心理特点，较好地满足了他们在现实世界中一时无法满足的心理需求，有效拓展了他们学习与发展的视野。

➢ 中学生过度使用电子产品的消极影响

对中学生生理的影响

过度使用电子产品的中学生由于上网持续时间过长，在强烈刺激信息的作用下，身体一系列复杂的生理变化，尤其是自主神经功能紊乱，体内激素水平失衡会使肌体免疫功能降低，容易出现眼睛酸涩、头疼、日间嗜睡、睡眠质量下降、记忆力下降的情况。而睡眠问题将会带来其他负面影响，比如过度使用电子产品而导致睡眠不足的中学生更容易感到情绪不佳、不安、压力感强，以及疲劳。

此外，长时间的电子产品使用还会伴随久坐行为，这可能导致中学生体重增加、过度肥胖、自信心下降。田泽远、马振、刘希佳(2019)研究发现颈椎亚健康流行症状与长时间使用手机密切相关，可见手机成瘾可能会导致颈椎病。赵娜、李红梅、田朝霞(2019)通过调查高中生的手机使用情况并测量血压，发现每天使用手机在6小时以上，以及睡前使用手机会加大高中生患高血压的风险。

对中学生心理的影响

过度使用电子产品的中学生更容易处于高焦虑、高抑郁状态。梁瑞(2019)的研究表明，手机成瘾与无聊感呈正相关，手机成瘾越严重，个体越感到无聊。相比现实世界，沉溺虚拟世界的中学生，可以轻松获得自由的人际沟通、获得成就感、存在感，享受轻松愉悦，回避了许多现实世界的成长课题，但现实世界依然存在，成长课题也很难回避。越逃离，越有负担，在虚拟世界有多轻松，回到现实世界就会产生同等甚至加倍的压力感。何妍、俞国良(2021)认为，手机依赖程度高的个体可以轻松地在手机使用中获得慰藉、舒适感和刺激等，而忽视现实生活的问题应对，根据应对风格理论，如果人们消极被动地处理在生活中所面临的问题，而不去积极、主动地解决问题，那么他们的心理健康状况会更差，心理健康水平会更低。何安明、万娇娇、惠秋平(2022)研究发现手机依赖能直接影响心理健康，如导致更高的抑郁、焦虑发病率。

对中学生人际交往的影响

中学生在现实的人际交往中存在困扰或者感到孤独时，会倾向于在手机中寻求慰藉。如果中学生过度依赖电子产品，更加重视人与机器的关系，忽视与身边同伴的交流与沟通，对外界刺激缺乏相应的反应与情感，对现实社会缺乏足够、完整的了解，就会导致对现实社会关系越来越冷漠，无法适应现实生活，难以应付复杂的外界环境。久而久之，他们可能更愿意与在网络上认识的人进行交流，从网络中获取需要的情感支撑，导致他们与现实世界之间的联系越来越少。如此循环，这部分人群对电子产品的依赖会越来越严重。

过度使用电子产品也会严重影响中学生与父母之间的关系。过度使用电子产品的中学生会使用更多的时间在网络上，与父母家人交流的时间就会减少，会对家人产生不耐烦的情况或是厌烦情绪，家人之间的关系长期处于紧绷状态。与此同时，面对孩子过度沉溺电子产品的情况，父母通常会进行一定程度的教育、引导，甚至干涉，如措施不当，也容易引发亲子冲突，导致亲子关系不和谐。

对中学生问题行为的影响

对中学生问题行为的影响主要体现在网络暴力方面。网络空间相对自由，许多中学生的言论不受约束，对网络暴力的认识不足，容易散播不实言论，甚至诱发网络欺凌行为。有些网络游戏，过于暴力、血腥，中学生长时间沉浸其中，会日渐模糊现实与虚拟场景，导致言谈举止、人际互动游戏情景化，从而出现一系列问题行为。刘亚娜、高英彤(2020)的研究《青少年沉迷网络游戏及引发犯罪的实证研究与应对机制》中提到，模仿对战游戏、武力解决冲突、玩家相约、装备充值、游戏暴力、性格异化等成为诱发中学生犯罪的不可忽视的原因。

对中学生学业成绩的影响

过度使用电子产品的学生，往往会出现学业倦怠、成绩不理想等状况，甚至拒绝上学。中学阶段是学业发展的关键期，需要学生投入必要的时间、精力，需要一定的刻苦的精神。电子产品中的各类功能相比现实世界的学习更加有趣，有更多正向的鼓励和及时的奖励，以及更快速便捷的反馈，对学生而言更具吸引力。同时，部分中学生也会让电子产品“背锅”，为了回避或降低因学习成绩不佳带来的负面影响而将失败原因外化。当学习需集中注意力时，有些中学生反而刷微信、刷视频、打游戏、听音乐、作业拖沓、浪费时间等，并将成绩下降的原因外化为过度使用电子产品，以达到回避因学业成绩下降使他人认为其在学业上无能的负面印象的目的。同时，电子产品内容越来越个性化、定制化，其易得性和便利性的特点更易使这类中学生沉迷。因此，高学业自我妨碍者更易形成不良学习习惯，产生学习倦怠，会更多的使用电子产品，以缓解厌倦情绪，导致过度使用电子产品。

对中学生社会适应的影响

周爱保、康诚(2007)研究发现，中学生过度使用电子产品，面对压力时多采用消极的、不成熟的应对方式，较少采用问题解决的应对方式。郭永芬(2011)研究发现网络成瘾者更倾向于选择“自责”“幻想”“逃避”不成熟的应对方式，而非成瘾者更多选择“解决问题”“求助”成熟应对方式。在日常活动中，他们很容易分心，错过细节，无法集中注意力。另外，虚拟世界尚缺乏法律与道德的约束，充斥着不少封建迷信、淫秽、暴力等有害的信息。由于中学生思考方式较为简单，社会经验少，缺乏辨别能力，很容易被一些虚假现象迷惑，不利于形成正确的人生观。

过度使用电子产品带来的消极影响不限于以上陈述的几个方面，已经引起了社会各界的重视。国家各部门近年来频频出台相关举措，新修订的未成年人保护法新增“网络保护”专章，明确规定政府有关部门在预防和干预沉迷网络方面的职责,以及父母或者其他监护人、学校、网络产品和服务提供者各方面预防沉迷网络的责任。如何引导中学生健康使用电子产品,需要社会各界与中学生本身的共同努力。

中学生过度使用电子产品的界定

随着智能电子产品的普及,人们日常的生活、学习、工作都离不开电子产品。中学生处在好奇心与学习能力较强的阶段,对电子产品的使用得心应手,但是过度的、不良的电子产品使用会影响中学生的学习,影响他们身体和心理的健康状况,甚至会扭曲中学生的价值观。中学生是祖国的未来,教育引导中学生健康使用电子产品是数字时代下全社会需要关注的问题。如何界定"过度使用电子产品"?检索相关文献,发现如下相关概念:网络成瘾、信息技术沉迷综合征、游戏障碍、手机依赖、过度使用电子产品等,我们一起来了解一下。

➢ 网络成瘾

网络成瘾的概念

1994年,"网络成瘾"(Internet Addiction Disorder)一词由美国精神科医生戈德伯格(Goldberg)首次提出,中文翻译为"网络成瘾障碍"。Goldberg借用《美国精神疾病分类与诊断手册(第4版)》(以下简称DSM-IV)中关于药物成瘾的诊断标准,认为互联网成瘾障碍主要是作为一种应对机制的行为成瘾,认为它是一种缓解压力的方式。1995 年网络成瘾被纳入了国外的医学词典。1997 年和 1998 年两届美国心理学年会开设了关于网络成瘾的专题讨论，肯定了网络成瘾在心理学界的学术价值。

台湾学者周倩(1999)将国际卫生组织对于网络成瘾所做的定义加以修改，将其定义为："由重复地使用网络所导致的一种周期性或慢性的着迷状态，并带来难以抗拒的再度使用的欲望，同时会产生想要增加使用时间的张力与耐受性、克制、退瘾等现象，对于上网所带来的快感会一直有心理与生理上的依赖。"

也有不少学者质疑网络成瘾的概念，认为网络成瘾不同于吸毒那样依赖于摄入某种化学物质，如戴维斯(Davis，2001)主张以"病态网络使用"(pathological internet use；PIU)的概念来取代网络成瘾，但目前却尚无足够的研究资料能证明它是一种心理疾病。因为临床上定义心理疾病必须有较明确的病因并严重地干扰当事人的日常生活、学业、社会关系或其他学习活动，而且必须长期持续一段时间，方能称之为心理疾病，因此"网络成瘾"究竟是否为一种心理病症，目前精神医学界仍有争议。

也有人认为网络成瘾是一种夸大其词。孩童时期，很多人在胡同里玩捉迷藏，天黑了都不回家，忘了吃晚饭，忘了写回家作业，但并没有人提议"捉迷藏成瘾"。又如有些人花费较多的时间追剧、工作，忽略了家庭、社会活动等，也没有人将其称之为成瘾。

综合各方观点，笔者将网络成瘾定义为：行为成瘾的一种，成瘾者需要不断增加上网时间来获得满足，离开网络后表现出明显的生理、心理上的戒断反应，网络的使用造成了成瘾者生活、学习、工作等一定程度的损害。

网络成瘾的诊断标准

在1996年美国心理年会上金伯利·杨提出了网络成瘾的概念，并编制了7个标准，符合3条及以上，并且符合网络用户在近一年中的任何时期内持续以上表现者可以称为网络成瘾（Young，1996）。这7条包括：(1)耐受性增强，指符合下面任意一条：需要明显增加上网时间才能获得满足，上网时间不变，满足感明显下降。(2)退瘾症状。停止上网后，表现出以下任何一种症状。一是显著的脱瘾综合征：A.停止或减少严重的长时间的上网行为；B.在A之后的几天到1个月内出现下述两项或更多的症状：精神运动性烦躁、焦虑、强迫性思考网上发生的事情、幻想或梦想有关互联网的事情、随意或不随意地做手指敲击键盘的动作；C.由于标准B的症状导致了忧郁或社交、工作以及其他重要领域功能的损害。二是急于使用网络或相似的网上服务来减轻或避免脱瘾症状。(3)上网频率总是比事先计划的要高，上网时间总是比事先计划的要长。(4)企图缩短上网时间的努力总以失败告终。(5)花费大量时间在网络相关的活动上。(6)上网行为导致个体的社交、职业和家庭生活受到严重影响。(7)虽然能够意识到上网带来的严重危害，但个体仍然继续花大量时间上网。

之后，杨和罗杰斯（Young & Rodgers，1997）将病理性赌博的诊断标准应用于网络成瘾：(1)一心想着上网；(2)需增加上网时间从中获得满足感；(3)多次努力控制、减少或停止上网，但未能成功；(4)在努力减少或停止上网时，感到烦躁不安、闷闷不乐、抑郁或易激惹；(5)上网时间总要比计划的长；(6)因为上网，妨碍或丧失了重要的人际关系和工作，或失去受教育和就业的机会；(7)对家人、朋友、治疗者或其他人说谎，隐瞒沉溺网络的程度；(8)把上网作为逃避问题或缓解不良情绪的方式。

比尔德和伍尔夫(Beard & Wolf，2001)对这个诊断标准加以改编，提出了“5+3”的诊断模式，即要求第1到5条标准必须全部满足，同时至少满足第6到8条中的1条。经过临床的使用和反复验证，目前已经有不少国家尝试使用Beard的这一诊断标准。

另外，陈淑惠、翁丽祯、苏逸人等(2003)以台湾大学生为对象制定了“中文网瘾量表”(Chinese Internet Addition Scale，CIAS)，这个量表一共有26题，提出了网络成瘾的5个维度，包括：(1)强迫性上网行为；(2)戒断反应；(3)耐受性；(4)时间管理问题；(5)人际交往及健康问题。采用4点评分法，从“极不符合”(1分)到“非常符合”(4分)，各维度总分是分别由每个维度的题目得分相加而来，相加的分数越高，说明网络成瘾越严重。

综上所述，网络成瘾的诊断主要参考以下几个因素：上网时间、上网行为、个体的心理和行为指标、生活事件指标、正常生活恶化指标、典型指标等。

《中国青少年健康教育核心信息及释义(2018版)》提出，网络成瘾指在无成瘾物质作用下对互联网使用冲动的失控行为，表现为过度使用互联网后导致明显的学业、职业和社会功能损伤。其中，持续时间是诊断网络成瘾障碍的重要标准，一般情况下，相关行为需至少持续12个月才能确诊。网络成瘾包括网络游戏成瘾、网络色情成瘾、信息收集成瘾、网络关系成瘾、网络赌博成瘾、网络购物成瘾等，其中网络游戏成瘾最为常见。

➢ 信息技术沉迷综合征

傅安球(2019)在《实用心理异常诊断矫治手册》提出中学生常

见的心理障碍类型之一“信息技术沉迷综合征”。

信息技术沉迷综合征概念

信息技术沉迷综合征，是一组因科技进步和互联网普及而表现为沉迷于智能手机、平板电脑等电子产品的心理功能失调症候群。其中，在线游戏综合征作为游戏障碍的临床表现，已被世界卫生组织的《国际疾病分类(第 11 次修订本)》(以下简称 ICD-11)以“游戏障碍”的病名正式列入成瘾行为障碍的亚型。

信息技术沉迷综合征的临床表现主要有以下几种类型：无手机恐惧综合征，社交错失焦虑综合征，来电幻觉综合征，微信、短信梦游综合征，网络眩晕综合征，网络疑病综合征，搜索引擎效应综合征，在线游戏综合征，视觉紧张综合征。

诊断要点与鉴别诊断

诊断要点主要包括：(1)机不离手，长时间沉迷其中，紧张感和疲劳感明显，其中在线游戏综合征还未达到游戏障碍的诊断标准；(2)过度担心电子产品没电，暂时脱离电子产品，会有明显的焦虑、不安，以及失落感；(3)明显的社会功能受损，严重影响了正常的生活、学习、工作及必要的人际互动等。

不可否认，信息时代，我们很多的工作内容需要借助电子设备完成，也经常模糊了工作与生活的时间界限，表现为“机不离手”的状态，也有专门从事电竞专业与职业的人，其学习与工作内容主要依赖电子产品。因此，信息技术沉迷综合征与正常使用电子产品鉴别的主要标准为对社会功能的影响与依赖程度。

➤ 游戏障碍

ICD-11 中,将"游戏障碍(gaming disorder)"作为新增疾病,纳入"成瘾行为所致障碍"疾病单元中。国家卫生健康委疾控局组织专家对游戏障碍的定义、临床特征、评估、诊断、治疗、康复等进行系统梳理,形成专家共识如下。

游戏障碍概念

根据 ICD-11 的定义,游戏障碍是指一种持续或反复地使用电子或视频游戏的行为模式,表现为游戏行为失控,游戏成为生活中优先行为,不顾不良后果继续游戏行为,并持续较长时间。这里的游戏是指网络游戏和电子游戏,尤其是智能手机游戏和平板电脑游戏。

主要临床表现

按照 ICD-11 的标准,游戏障碍主要临床表现包括:失控的游戏行为,过度沉溺其中,包括时长、频率、场合等,游戏行为优先于其他生活兴趣和日常活动,甚至对其他活动失去兴趣,因游戏行为造成社会功能受损,如学业、人际沟通、亲子关系等,但依然持续游戏甚至加大游戏强度。游戏障碍与物质成瘾有诸多相似之处,耐受性方面,体现在对游戏的时长要求越来越长、对游戏的体验感要求越来越高;戒断反应方面,停止游戏后产生的易激惹、抑郁、冲动等情绪及行为反应。

诊断要点与鉴别诊断

① 必须符合游戏障碍的特点,在"过度沉溺、戒断反应、耐受

性、失控性、失去其他兴趣、持续性、隐瞒、逃避消极情绪、不惜失去机会”等游戏障碍临床表现症状中至少具有其中的5项。

② 游戏行为模式可以是持续性或发作性的，并持续12个月，但如果症状足够严重且满足其他诊断要点，持续时间可短于12个月。

③ 游戏行为模式导致明显的个人、家庭、人际关系、学业、职业或其他领域的社会功能明显受损。

需区分游戏障碍与正常游戏行为。如果游戏行为是以促进社交、休闲放松、调节情绪等为目的，且时长、频率可控，停止游戏后未产生戒断症状，未造成社会功能受损的，则不能诊断为游戏障碍。在特定的年龄或社会群体中（如青少年男性）或在特定情境中（如作为节假日娱乐活动），可能存在较长时间或较高频次的游戏行为，诊断时需要考虑文化、亚文化、同伴群体等因素的影响。此外，对于游戏产业相关个体而言，高强度的游戏行为可能是其职业内容的一部分，不应诊断为游戏障碍。

➢ 手机依赖

关于手机依赖，国内外没有统一的概念界定。如徐华等人（2008）认为手机成瘾是一种成瘾行为，使用了戒断性、失控性、突显性三个成瘾的指标对手机成瘾进行界定。屠斌斌、章俊龙和姜伊素（2010）提出，成瘾是对手机的一种着迷状态而且具有慢性或周期性的特点，原因是用户定期甚至是强迫性重复使用手机。刘勤学等（2017）通过对比网络成瘾，认为智能手机成瘾是指，个体由于对智能手机的过度使用，且对该种使用行为无法控制，而导致其社会功能受损并带来心理和行为问题的一种新型的行为成瘾。何妍、俞国良(2022)提出手机依赖一般又称为手机成瘾、手机使用障碍或问题性手机使用,是指在无成瘾物质条件下的手机使用失控状况,主要表现为过度或不当使用手机,而对个体带来明显心理、社会功能损害的现象。

虽然研究者们所用术语不尽相同,但基本包括了以下几个方面的共同特征:

① 心理上,对手机产生依赖,过多的关注手机信息,沉溺于手机带来的愉悦;

② 行为上,基本失去对手机使用的控制,频繁拿起手机,担心错过信息等;

③ 出现一定的戒断反应,拿不到手机时失魂落魄、焦躁不安;

④ 一定程度上造成个人的社会功能受损,如学业不佳、人际冷漠、内向孤僻等。

目前对手机依赖的评估以问卷为主,尚没有统一的评估标准,学者们一般根据自身研究特点修改相应量表或者直接引用合适的量表。

➢ 过度使用电子产品

结合以上网络成瘾、信息技术沉迷综合征、游戏障碍、手机依赖等的概念,笔者将过度使用电子产品定义为个体对以网络信息技术为基础的智能手机、平板电脑等设备的使用超出了合理的使用时间范围与使用内容的范围,形成了一定的心理依赖,并因此影响到了日常的生活与学习,甚至导致系列生理、心理与行为问题,造成社会功能受损的情况。

第二章

中学生过度使用电子产品的成因与干预

信息时代，飞速发展的网络技术与智能电子产品的更新换代为中学生提供了前所未有的广阔视野，但随之而来对电子产品的过度依赖与沉溺也给他们带来了一定的负面影响。过度使用电子产品会引发中学生的学业倦怠、人际疏离、亲子冲突等心理问题，严重的会造成焦虑，抑郁等相关疾病。引发中学生过度使用电子产品的因素有哪些，如何引导中学生健康使用电子产品，正日益成为全社会关注的问题。

中学生过度使用电子产品的成因

对于从小生活在数字环境下的中学生，电子产品的使用早已渗透至生活与学习的方方面面。电子产品是一把双刃剑，健康使用有助于中学生的学习与成长，过度依赖则可能导致一系列的生理、心理及行为问题。为什么同样是使用电子产品，不同的中学生会受到不同的影响？到底是哪些因素在影响中学生的电子产品使用行为及效果？我们从电子产品特点、个体因素和家庭社会因素等方面来进行综合分析。

➢ 电子产品特点

ACE 模型

美国心理学家金伯利·杨提出网络的“ACE 模型”：A（Anonymity）“匿名性”、C（Convenience）“便利性”、E（Escape）“逃避现实性”。这三个特性契合中学生的心理特点，满足了他们追求独立自由的心理需求，也往往使得他们对电子产品过度依赖。

即时满足

现在智能电子产品的后台设计，也是中学生对电子产品爱不释手的重要原因。电子产品中的游戏、短视频都设置了“即时满足”，上手快，使用方便，可以即刻回应，让人感到满足，就像嗑瓜子，操作简单，嗑一次，就能吃到一颗好吃的瓜子。

精准投送

依托于网络技术的大数据，根据中学生平时浏览的痕迹，投其所好地精准推送相关的内容，使得中学生乐在其中，也容易沉溺其中。比如，短视频的播放，喜欢篮球的中学生，被推送的往往是篮球相关的视频；喜欢哈利·波特的中学生，被推送的更多是哈利·波特的周边视频。

无限浏览

手机软件开发者在4G时代创新了可以无限浏览的页面，这个灵感来源于著名的“无底碗”实验，人们在吃饭的时候，你暗中源源不断地给他加饭加菜，他会一直这样无节制地吃下去，因为他没有看到底，没有收到结束的信号。而硅谷的设计师，恰恰也是利用了这一点，设计出了无限翻屏的功能。抖音，就是最好的一个例子，十秒钟看一个视频，根据大数据的计算推送给你喜欢的视频，让你无限制地往下滑，结果发现半天的时间就这样过去了。

虚拟享受

手机让中学生暂时逃离现实，满足于虚拟的快乐享受。比如朋友圈被关注、被点赞，会让人感到满足；游戏中装备升级、排位升级，让人获得成就感；刷短视频，在过程中体验忘我的感觉等。电子产品中的虚拟空间提供更多的是“心想事成”的享受体验，而现实世界则很多不在自己的控制范围，积极体验和消极体验兼而有之，对于心智尚未发育成熟的中学生而言，自然会更青睐电子产品。

➢ 个体因素

生物学因素

长时间上网时大脑获得刺激会分泌化学物多巴胺，多巴胺水平的提高让中学生呈现短时间的高度兴奋，让使用者沉溺于网络中的虚拟世界不能自拔，但之后的颓废感和沮丧会比上网前更严重。时间一长，这些影响就会带来一系列复杂的生理和生物化学变化，多巴胺的不断释放是网瘾成瘾蔓延和加重的重要生物化学因素之一。

情绪调节

情绪调节能力不足是中学生过度使用电子产品的重要因素。过度使用电子产品的中学生多个性比较敏感、孤僻，喜欢独处，忧郁与焦虑的倾向较高。网络的匿名性让这类中学生更习惯于通过电子产品调整情绪，让其感受到更多的安全、接纳，提升自我情绪调整的自信。

人际适应

各类社交媒体具有隐形性和匿名性，让中学生在人际互动和交流时能够更自然更放松地表达自己，少了现实世界互动时带来的诸多顾虑，对于性格内向、羞怯的中学生来说，屏幕背后的社交让他们更轻松，自然会吸引他们花费较多的时间进行线上交流。当中学生经历社会排斥时，容易产生焦虑情绪与社会疏离，导致回避行为与社交焦虑。中学生会把电子产品使用作为一种回避现实社会的策略，增加使用电子产品的时间。

心理弹性

心理弹性是个体在遇到压力或身处危险、困境时，能积极应对、主动采取措施并改善环境的能力。心理弹性是个体心理健康和问题行为的保护因素之一。朱倩等(2015)的研究表明心理弹性水平高的个体更不容易出现电子产品依赖等问题行为，即心理弹性越高，中学生越能合理使用电子产品。中学生成长过程中，难免会遭遇重要生活事件以及学业压力等，心理弹性较高的中学生勇敢面对，寻找资源支持；心理弹性较低的中学生，则倾向于选择使用电子产品，回避现实问题。

自我控制

喻承甫(2017)研究发现具有冲动型人格的个体更容易过度使用电子产品，田雨等人(2015)研究发现自我控制能够显著负向预测网络游戏成瘾。自我控制力越高的中学生，更能合理规划使用电子产品的时间、浏览的内容，平衡好电子产品双刃剑的功能，健康使用电子产品。

自我效能感

中学生自我效能感水平越高，电子产品过度使用的倾向越低。因为中学生自我效能水平越高，越相信自己可以应对生活中的各种压力，能够积极地去解决问题，而不会沉迷于虚拟世界以逃避压力。董学体等人(2022)研究发现低核心自我评价的中学生存在严重的手机依赖行为，同时易出现不良行为。

学业状态

中学生学业成绩越好，越能在学习中获得成就感，在同伴中获得较高的存在感，越能合理使用电子产品；反之，学业成绩不佳、学习中的积极体验较少，越容易导致中学生在电子产品使用中寻求安慰和满足。同时，过度使用电子产品会侵占中学生的学习时间与精力，削弱其自主学习动机，从而又引发较高的学习压力。较高学业压力会使个体产生诸多身心障碍及问题行为，如过度使用电子产品。

➢ 家庭因素

“父母低头行为”

所谓“父母低头行为”，是指由于家长过度使用电子产品而忽视孩子的各种需求的现象。家庭是孩子成长的第一所学校，环境的耳濡目染对孩子的成长至关重要。家长机不离手，孩子也会有样学样。家长下班回家将刷手机作为放松的主要方式，孩子也会在课余拿起手机；家长说“我很多时候用手机是在工作”，孩子也会力争“我也是要用手机学习和社交的！”王宏霞、雷雳（2021）研究发现“父母低头行为”较多，青少年更容易出现的网络过激行为。李筱筱、史娜娜（2020）研究发现父母带头观看短视频，孩子也更容易沉迷短视频。一方面，孩子受到父母行为的直接影响，模仿父母的习惯；另一方面，家长过度使用电子产品，忽视孩子的兴趣培养，导致孩子兴趣单一，休闲放松的时候随手拿起手机。

父母教养方式

父母教养方式是指父母在抚养并教育孩子时所展现出来的教育观念、对待后代的态度以及在此过程中采用的言语和行为所产生的氛围。王小辉（2011）研究发现，溺爱型和放纵型家庭的孩子对手机的依赖程度较严格型家庭更为严重。井立沛等人（2021）研究表明，积极的父母教养方式，如民主平等，使子女拥有更稳定的情绪、更低的焦虑和抑郁水平，子女不容易过度使用电子产品；而消极的父母教养方式,如粗暴养育、否认、过度严厉、过度干涉的抚养态度等,给子女带来更严重的焦虑和压力、更低的心理弹性和自尊水平,从而增加了子女过度使用电子产品的风险。

亲子关系

良好亲子依恋能够满足个体情绪情感的需要,而低质量的亲子依恋,甚至亲子冲突导致亲子之间过分疏离,使个体无法很好地满足情感需求,增加了个体寻求替代性满足的可能性。心理需求的满足补偿理论指出:电子产品的网络功能可以很好地满足个体在现实中没有得到满足的需要,这就促使中学生更多地使用电子产品,进而不断强化发展成为电子产品依赖。雷雳等人(2009)研究显示,与母亲疏离的青少年有较高的焦虑水平和孤独感,较少感到社会支持和心理幸福感,他们更可能通过互联网调解情绪,寻求情感支持;与父亲疏离的青少年可能缺乏社交技巧和恰当的应对策略,他们通常更容易形成网上人际关系,与网友发展亲密感。

➢ 同伴因素

中学生时期是个体社会化的重要阶段,同伴行为会对中学生的行为产生一定的影响,这一时期的中学生越来越希望脱离父母而依赖,寻求同辈群体的认可,具有较强的从众心理,因此同伴因素可能也是引起中学生过度使用电子产品的一个重要因素。多有家长苦恼于孩子如下的想法:“其他同学都有手机,自己也要有手机!”“同学们都在聊游戏,我不玩游戏都交不到朋友!”甄霜菊等人(2017)研究发现,同伴网络游戏比例越高,孩子参与游戏的可能性越大。

➢ 社会因素

在中学生的访谈中，不少人提到电子产品使用的时间转瞬即逝，不知不觉中就看了很久，也有中学生感受到自己看短视频停不下来，同样的快感需要更多的时间投入。正当你看着抖音笑嘻嘻的时候，那些幕后的大佬正望着你笑，你以为什么都没有付出就获得欢乐，可你付出的代价是宝贵的时间，对方收益的是巨大的广告财富。我们以为自己是消费者，殊不知我们更可能是被消费的商品。事实上，娱乐化是消费社会、商业社会的主要文化特征，是商家用于吸引用户提升竞争力的砝码。针对互联网的娱乐功能和商业本质，各部门需要加强对行业的监管和引导，加强对过度娱乐化、庸俗化的文化批评，建设清朗的网络空间，加强对中学生的媒介保护。

中学生过度使用电子产品
预防与干预概述

信息时代，飞速发展的网络技术与智能电子产品的更新换代为中学生发展开创了前所未有的广阔视角，但随之而来对电子产品的过度依赖与沉溺也给他们带来了一定的负面影响。我们一方面需要顺应时代的发展，享受其带给我们新的生活体验，同时，也要把握好对技术的依赖，尤其是对在信息环境下成长起来的中学生而言。如何在“技术使用”与“过度依赖”之间探索平衡点，是对当代中学生提出来的新挑战。

➢ 平衡技术管理

加拿大儿童治疗师克里斯·罗文(Cris Rowan)的著作《“被”虚拟化的儿童》(2013)中提出，要通过平衡技术管理(Balanced Technology Management)来为孩子创造可持续发展。“平衡”旨在帮助孩子协调成长发育必须参加的自然活动与技术使用之间的关系。

允许技术进入

电子产品伴随着当代中学生的成长历程，从幼儿的早教、娱乐，到学龄期的知识学习，都能在应用商店找到一款适合的 App。电子产品通过各种方式渗入中学生的学习、生活、放松娱乐的方方面面，也帮助他们实现了疫情期间的“停课不停学”。未来，线上学习、办公可能也会成为人们普遍的状态。从可持续发展的角度，我们欢迎技术的进入，让中学生与时俱进，熟悉、掌握信息技术，玩转各类电子产品，提早把握未来的生活方式。

克里斯·罗文精心设计了平衡管理技术的第一条原则，即“输入＝输出”原则，指“无论何种能量以技术的形式进入到儿童的身体里，我们都需要花同样多的时间将这些能量以活动的形式释放出来，以达到两者平衡，优化儿童的发展”。譬如，孩子观看一段时间电视或使用电子产品以后，接下来参加同等时间的体育锻炼或户外活动等。在克里斯看来，这个时间最好设置在 30 分钟，因为超过 30 分钟孩子们会非常不愿意从使用电子产品的状态中走出，投入其他活动。

“允许技术进入”类似我们传统的“疏”的概念，盲目的“堵”或者一刀切，不但会剥夺了孩子熟悉技术的空间，也会造成孩子更迫切地使用电子产品的心理需求。有些孩子，其某些方面的心理需求不能得到满足时，往往会寻找另一种心理需求来替代，来自我满足。例如，手机被没收了，还可以看电视；电视被关了，还可以看小说；小说被撕了，还可以谈恋爱；恋爱被禁止了，还可以休学；休学不被允许了，还可以放弃一切让自己抑郁；抑郁不被允许，还可以不断加重直至放弃生命。再来看看我们身边那些过度使用电子产品的中学生，大多出现如下现实问题，如成绩不佳、人际交往困难、亲子沟通不畅等。因智能电子产品自身的特点很容易与中学生的需求一拍即合，在虚拟世界，中学生可以轻松地满足现实需求。而如果我们头痛医头、脚痛医脚，尝试压制其对电子产品的心理需求，只能过量消耗他的心理资源，导致其无法合理使用电子产品，也无心学习，郁郁寡欢，甚至"摆烂"。"允许技术进入"，让中学生获得与时俱进的发展，也通过不同于现实世界的方式获得资讯、放松娱乐等。

减少技术使用

"减少"这一概念本身容易被误解为对技术的苛责、排斥甚至迁怒的意思，与技术本身的价值性、功能性相冲突，但减少技术使用，"减少"是关键，也是基础。中学生的生理、心理尚处在发展过程中，需要大量的体育运动、正常的社会交往，以及接受积极向上的人生观、世界观、价值感的教育与影响。过度的接触电子产品、沉溺虚拟世界的社交、游戏、资讯等，给中学生带来多方面的消极影响。减少技术使用，保障了中学生接触信息技术的时空，也避免了其可能带来的负面影响，更是为中学生创设必要的自然接触的机会。如“30 分钟”的使用时限，让中学生适度接触电子产品，也能轻松地投入现实世界的活动中，进行体育锻炼、阅读，或亲子互动等。

“减少技术使用”，也即有限度地使用电子产品，需要从幼儿时期建立规范，让其从小树立有限度使用的观念，也让他充分感受虚拟世界之外真实的生活体验。在这些体验中，探索缓解现实学习压力、亲子冲突或者同伴矛盾的方式，当其遇到心理困惑的时候，可以选择多项缓解的方式，避免其将电子产品当作转移现实困惑的唯一避难所，也让其在与大自然的充分接触中，感受大自然带给我们的心灵体验。进入到中学生时期，我们需要为其“刻意”创设与电子产品物理隔离的时空，比如设立“不使用电子产品的家庭日”，父母以身作则，放下手机，和孩子们一起做一顿美食、参观博物馆、来一次骑行等。在同一时间段暂停电子产品的使用，为孩子建立一个和谐的、互动的、真实的人际关系，塑造健康成长的良好环境，降低技术僭越主体的空间及其可能性。

把守技术内容

虽然强大的数字技术给了中学生更多元的信息、资讯环境，但却未必给了他们多元化的“审美”与安全的环境。显而易见的是，丰富的信息和便捷的渠道也意味着中学生更容易暴露在不健康、不适宜的内容面前，这其中包括色情、暴力、仇恨言论、种族歧视等。中学生正处在三观形成的关键时期，外在的环境信息都在对其产生潜移默化的影响。虽然中学生已具有更多维的思辨能力，但他们仍然是处在可塑性较大的成长阶段，还未形成足够理性和成熟的判断力，仍然是比较容易被引导的群体。当他们开始接触带有观念和价值判断的信息时，难免会有一部分信息，或者直接影响他们的行为举止、思想意识，或者逃过时间和记忆的过滤，塑造未来的价值观。

克里斯提到，对于心智尚未成熟、是非判断能力较弱的中学生，成人不仅要扮演“守门员”的角色，起着把关的作用，还需起着监督的作用，确保孩子参与活动整体过程的质量。理论上，技术是价值中立，取决于使用者的主观意图，但目前智能电子产品的开发聚焦的技术，很多方面臣服于经济效益，呈现了其“致瘾”的目的。如收集使用者停留在电子产品的数据，设置精准推送，诱使中学生沉迷其中等。因此，成人对中学生接触到的电子产品的内容的把握十分重要。要根据中学生的年龄及其身心发展特征有目标地为其选择内容，要用发展的眼光时刻审视技术产品。目前，多款 App 如微信、QQ 等推出的“青少年模式”，可以在时间方面设置限度，内容方面进行一定程度的筛选。

➢ 多方合力，形成支持共同体

克里斯认为，要让“平衡管理技术”真正落到实处，保证中学生既能掌握现代化的信息技术，又不会错过许多的自然活动，需要家庭、学校、社会、政府多方合力，形成支持共同体。

发挥生态系统中家庭教育的核心力量

电子产品过度使用多发生在家庭环境下，家庭教育的核心力量必然是首当其冲。

首先，家长需要了解智能电子产品的后台设计，了解孩子爱不释手的原因，增加对孩子过度依赖行为的理解。建议家长结合智能电子产品的成瘾机制，因势利导，指导孩子：

不要“即时满足”，学会“延迟满足”。当孩子提出做作业的间隙想看一会儿手机时，可以建议他某一项作业完成之后再用手机，避免孩子形成对手机的依赖感。

不要“无底碗”，要用“刻度碗”。每次使用手机的时间要严格定量，可请孩子自己设置闹钟提醒，确保孩子使用手机在一定的时间范围内，避免“无底碗”效应。

少点“虚拟空间”，多些“现实世界”，如课余时间家长指导孩子做饭做菜，收获亲情；培养孩子多样的兴趣爱好，丰富孩子的精神世界；课余时间，带领孩子走进大自然，增加现实世界的感官刺激，等等。

其次，家长需要成为孩子重要的他律力量，可以运用协议管理的方式帮助孩子有节制地使用电子产品。如何制定电子产品的使用协议，以下建议供参考：

友好、协商：坦诚各自内心的想法和需求，在平等、互利的氛围下商讨协议的细节，包括必要的奖惩措施。协议的原则应是既让孩子玩得有节制，也要玩得开心。

具体、明确：协议中，明确孩子可以使用电子产品的具体时间、时长、内容，以及孩子可以自我调控的部分，既要让孩子感受到不可为的方面，也要让孩子有自主安排的空间。例如，周一至周四，使用仅限学习功能，如提交作业；周五晚上至周日，共可以使用多久，每次不超过多久；不建议上午时间使用电子产品用于娱乐功能，等等。

督促、提醒：协议制定时，适当人性化，执行的时候不留情面。父母可行监督之责，督促孩子严格遵守，要让孩子明白协议的意义，不能以任何理由任何形式去随意违反，从小树立这样的规则意识，对规则养成一种敬畏之心，孩子也将终身受益。

微调、奖惩：协议制定可以有试运行期，根据执行的情况做一些微调。只要孩子做到相关协议，就及时给予肯定。虽然孩子签字画押，但不代表孩子肯定能一以贯之地执行。孩子在执行协议的过程中，肯定会出现反复的情况，家长需要及时地提醒督促与奖惩。切忌钓鱼"执法"，但凡孩子出现未能如期执行的情况，就各种批评指责，这样会适得其反。

再次，家长的榜样示范作用不可小觑。家长的很多工作内容需要在手机上完成，关注时事资讯、购物买菜基本也是在手机上完成，很容易给孩子带来一种假象：你们大人整天捧着手机，却限制孩子使用。这方面，我们除了和孩子做必要的沟通之外，还是需要在非必要的情况下刻意地放下手机，读书、浇花、喂猫，或做一顿美食，让孩子看到家长可以做到放下手机，并且享受当下现实的生活。

另外，如果有条件的话，将孩子用来休闲娱乐的电子产品与学习用的电子产品分开，一部专门下载学习相关的内容、软件；另一部提供休闲娱乐内容，做到学习和娱乐的界限区分，从外部环境上做到物理隔离，控制孩子分心的可能性。

强化学校的教育引导作用

2021 年 1 月，教育部办公厅印发《关于加强中小学生手机管理工作的通知》，要求学校告知学生及家长，手机有限带入校园、细化管理措施、加强教育引导、做好家校沟通、强化督导检查。有些学校针对不同年龄段的学生，进行了手机分层管理：小学部设置"养机场"，在教室后排的位置放置一个有多个插袋的手机收纳架；

中学部则按年级建立“停机坪”，有的使用常规的手机保管箱，还有一种是自带给手机充电功能的智能手机保管箱。正确、合理地使用手机，是信息化时代人们必须具备的基本素养。学校通过国旗下讲话、班团队会、心理辅导课等形式加强教育引导，培养学生的自制力和自我管理能力，让他们学会控制和调整对电子产品的使用，培养学生的规则意识，无论是对家庭公约，还是对班级制度，保有一份敬畏之心，“签字画押”，说到做到，提升学生的信息素养，包括掌握必要的信息技术、分辨现实世界与虚拟世界的能力，识别虚假信息、网络欺诈的意识等，让学生懂得网络礼仪，遵守网络使用的规范、文明用语、遵纪守法等，创设清朗的网络空间。

发挥社会的协同治理作用

随着人们对中学生过度使用电子产品问题的关注，网络平台迫于政府的监管压力，推出了网络游戏防沉迷系统以及青少年模式，通过对游戏玩家身份信息的验证，判定用户是否为青少年，进而控制青少年玩网络游戏的时长，开发统一的游戏数据管理平台，通过大数据的技术手段确认中学生的真实身份信息，科学把控中学生使用网络的时间、网络消费的额度以及可浏览的网络内容。这样既能保护中学生隐私、防止信息泄露，又能够有效遏制中学生跨平台、跨账号、跨手机终端规避防沉迷限制的现象，等等。

发挥政府治理的主导作用

2018 年 4 月，习近平总书记在全国网络安全和信息化工作会议上指出，要提高网络综合治理能力，形成党委领导、政府管理、企业履责、社会监督、网民自律等多主体参与，经济、法律、技术等多种手段相结合的综合治网格局。①为切实保护未成年人的网络权益，政府从技术措施、内容监管、家长监护等方面发布系列保护条例。以网络游戏为例，相关条例如下：

2005 年 6 月，新闻出版总署组织有关部门、行业组织、专家、教育工作者、家长等共同研究，并广泛征求意见，制定《网络游戏防沉迷系统开发标准》《网络游戏防沉迷系统实名认证方案》，通过实名认证识别未成年人并纳入网络游戏防沉迷系统，并根据在线时间的不同对未成年人游戏收益进行限制等。

2016 年文化部发布的《关于规范网络游戏运营加强事中事后监管工作的通知》强调网络游戏运营企业应当严格落实"网络游戏未成年人家长监护工程"的有关规定。

2019 年 10 月国家新闻出版署发布《关于防止未成年人沉迷网络游戏的通知》，要求严格落实实名注册，所有游戏用户均需使用有效身份证信息方可进行游戏账号注册，同时严格控制未成年人使用网络游戏时段时长，每日 22 时至次日 8 时不得为未成年人提供游戏服务，法定节假日每日不得超过 3 小时，其他时间每日不得超过 1.5 小时。

2020 年 10 月，新修订的《未成年人保护法》增设"网络保护"专章，首次在法律中规定未成年人网络保护，具有里程碑意义。2021 年 7 月，共青团中央维护青少年权益部等部门发布的《2020 年度全国未成年人互联网使用情况的调研报告(解读稿)》中显示：随着法律体系日趋完善与专项行动持续推进，未成年人网络安全

① 见中华人民共和国国家互联网信息办公室官网 2018 年 4 月 22 日文章《大力提高网络综合治理能力》。

环境不断改善，认为自己在过去半年内遭遇过网络安全事件的未成年网民比例为27.2%，较2019年下降6.8个百分点。他们自身的维权意识也在不断加强，知道可以通过互联网对侵害自身的不法行为进行权益维护或举报的达到74.1%。

2021年8月，国家新闻出版署下发《关于进一步严格管理切实防止未成年人沉迷网络游戏的通知》，通知要求，严格限制向未成年人提供网络游戏服务的时间，所有网络游戏企业仅可在周五、周六、周日和法定节假日每日20时至21时向未成年人提供1小时服务，其他时间均不得以任何形式向未成年人提供网络游戏服务。

综上所述，中学生健康网络游戏的权益越来越得到法律的保护，也期待有关部门能进一步完善中学生过度依赖电子产品治理的法制化建设，明确主管部门，理清权责，严格执法，落实常态化监管机制等。

➢ 心理干预的方法

认知疗法

认知疗法是20世纪60～70年代在美国心理治疗领域中发展起来的一种理论和技术。该疗法认为，当事人的心理紊乱是由错误认知观念引起的，对其错误认知观念进行矫正，可以促使其情绪和行为的改善。认知疗法在实践干预中运用的主要方法有：认知重建法、积极的自我对话、三栏笔记、自我提醒法、自我暗示法等。

认知重建。中学生过度依赖电子产品，往往是因为现实生活中的快乐感较低、成就感差，从而转向虚拟世界寻求快乐与成就，也慢慢地树立一些错误的观念，如“只有玩手机才使我开心！”“现实生活很无趣!”等。我们可以引导中学生从事一些无需手机,但同样很有乐趣的事情,如室外运动、参加一些社团和公益活动、看话剧、听音乐会、郊游等,使他们在现实活动中体验到积极快乐的情绪,逐步改变中学生的固有信念,帮他们树立正确对待电子产品使用的态度。

积极的自我对话。消极的内部语言是产生行为失调的重要因素,通过矫正消极的内部语言,采取正面的,积极的自我对话,可以达到矫正异常行为和心理障碍的目的。此技术实施方法有两种,一种是要孩子坚持每天回顾、发现自己的优点和长处并记录;另一种是要孩子针对自己的消极思想提出积极的想法,同时大声用言语自我强化。咨询者在这一过程中给予反馈,确保孩子用积极的、解决问题的自我对话,替代先前与异常行为有关的认知活动。如“虽然目前成绩还不理想,但只要我坚持不懈,成绩肯定会慢慢进步的! 手机虽然给我带来一时的快乐,也时间久了也很空虚,学习成绩肯定也会受到影响。”

三栏笔记法。在专用笔记本上画如下三栏表格,左边一栏记录自动思维,中间一栏记录对自动思维的分析,右边一栏记录理智的思维或对情况重新分析后的回答。

自动思维	分析	理智的思维
除了网络游戏,我从来没有做过一件像样子的事情	过度概括	事实上,我长跑很不错
我学习成绩不好,处处不如别人	以偏概全	我成绩不好,需要努力,但我也有很多其他的优点,如表达能力很好
家长们都认为打游戏是不好的,无法沟通	随意推论	家长们因为担心孩子的学习,所以认为游戏是不好的

行为疗法

行为疗法来源于行为主义理论，该理论认为，所有的行为，包括正常、健康的行为与异常、不良的行为都是学习获得的，并由于强化而得到巩固。个体不良行为的形成是由于环境和其他人的影响所致，所以我们可通过对个体再训练的方法重新学习和重建条件反射，使个体对环境刺激产生新的适应反应，以及在某些方面改变环境和不良刺激的方法把不正常的行为变为正常。具体的操作方法如下。

代币疗法。代币疗法是一种利用强化原理促进更多的适应性行为出现的方法。在矫治中学生电子产品过度使用时，每当学生能够减少使用时间，能先完成家庭作业及做完其他事情后再打开电脑，或学习成绩有所提高的时候，及时发给他们相应的代币（如小红星、记分卡）。而当达到一定数量的代币后，就可以换取一样自己非常想得到的物品或从事喜欢的活动。

代币疗法实施的过程，也是强化学生的正向行为，促使成功感的迁移与电子产品过度使用行为消退的过程。

代币疗法不仅可用于个体，也可应用于团体。如班主任老师可在团体心理辅导中采用此法以矫治学生的电子产品过度使用行为，培养学生合理的电子产品使用习惯。

行为契约法。该方法为行为矫正技术的一种，通过一定的奖惩督促学生行为上的逐步转变。与学生订立的行为契约应该具体、有操作性，并可以根据实际情况有所修正。行为契约中必须写明：(1)明确的期待行为，它是客观可操作的，如每节课的听课时间、每天的上网时间等；(2)衡量期待行为的方法，如是通过别人记录、描述，还是自己记录等；(3)该行为必须执行的时间。也即该契约的有效时间是一周、一月还是一个学期；(4)具体的强化与惩罚及由谁来实施，具体操作要点可参考前文的相关叙述。

示范法。该方法是指辅导者提供正确行为的模型或范本(即榜样)，进行行为示范，当事人则通过对榜样的观察进行学习。过度使用电子产品的中学生，自我调控能力弱，情绪不够稳定，需要有正确的示范来帮助其稳定情绪并逐步调控自己的行为。老师可以有意识地安排一些几个同学共同参与的活动，让好朋友的言行，尤其是对电子产品使用的一些想法、行为潜移默化地影响目标学生。在家庭中，家长尤其需要发挥榜样示范作用，下班回家主动放下电子产品、晚饭时间不看手机、睡前阅读书籍，等等。

认知行为疗法

认知行为疗法(CBT)融合了认知疗法与行为主义疗法的原理和方法，其基本假设在于：个体自我陈述的重新构造过程可以促进个体行为的重构。

CBT 是治疗电子产品过度使用问题的常用干预方法，具体策略包括认知重构、行为练习和暴露治疗等。王岚等(2013)在个案干预研究中将认知行为疗法分为四步：(1)建立良好关系；(2)辨别不合理认知；(3)电子产品过度使用行为矫正，主要包括提示、行为安排、上网行为记录、培养其他兴趣等；(4)激励学习动机。

家庭干预疗法

中学生过度使用电子产品与家庭功能低下有紧密的关系，因此家庭干预法在中学生过度使用电子产品的干预方面具有优势。

从调整家庭关系，改变父母家庭教养方式入手，从家庭整体来调整中学生对电子产品的过度使用。家庭治疗注重家人的沟通状况、人际关系和家庭功能的发挥情况，从而改善家庭成员的心理和行为问题。有专家认为，家庭教育在治疗过度使用电子问题方面着实具有特殊和不可替代的作用，包括时空优势、情感优势、资源优势和教育优势四个方面。主要技术包括家庭结构改善技术、行为干预技术、分析与谈话技术和策略性家庭治疗技术等。奚婉、胡玉正(2022)研究发现，经过一个月的家庭治疗之后，游戏成瘾者感知到来自家庭的尊重和社会支持显著增加，游戏成瘾分数明显减少，且3个月后的重测结果依然保持稳定。在较大样本上(103例)家庭治疗在改善沉溺于电子游戏的中学生的异常心理、行为等方面也是有效的。可见，通过改变家庭内部存在的不良互动关系进行游戏成瘾干预的思路，针对中学生可能有效。

中学生过度使用电子产品的家庭治疗，在于将着眼点放在全家人的身上。

第三章

中学生电子产品使用的现状与访谈

2021 年 1 月，为保护学生视力，让学生在学校专心学习，避免沉迷网络和游戏，促进学生身心健康发展，教育部办公厅印发《关于加强中小学生手机管理工作的通知》，要求中小学生原则上不得将个人手机带入校园，学校需制定具体的手机管理方案，并通过国旗下讲话、班团队会心理辅导、校纪校规等多种形式加强教育引导，与家长加强沟通，做好家校协同，等等。如何引导青少年健康使用电子产品，既充分发挥信息时代的优越性，又不至于过度使用，已经是家长、学校乃至整个社会都非常关注的问题。我们课题组聚焦这一教育难题，开展“中学生电子产品过度使用问题的调查与干预研究”，该课题由上海学校德育“德尚”系列研究课题管理领导小组办公室立项为“骨干项目”，项目批准号：DS2020GG001。

课题研究中，我们首先开展了中学生电子产品使用现状的基础调研，然后聚焦相关使用功能如网络游戏、网络社交、短视频等进行访谈。在此基础上，我们以积极心理学理念为指导，进行了面向学生的个别辅导、团体辅导，并在系列个案干预的基础上，通过一个个典型问题，总结梳理预防与干预的思路与策略。与此同时，开发了区级教师培训课程,从学生、家长与老师等多角度,为中学生健康使用电子产品保驾护航。

本章将了解中学生使用电子产品的现状,以及对主要使用功能如网络游戏、在线社交、浏览短视频三个方面进行访谈与分析。

中学生电子产品使用的现状

调查对象来自上海市徐汇区 1 所示范性高中、1 所普通高中和 2 所公办初中,共 1 520 名中学生,男女比例均衡,问卷共有 25 题,主要涉及时间维度、功能运用、依赖程度、不良影响等内容。

➢ 部分调查结果

1. 目前,市面上的电子产品类型丰富,如电脑、平板电脑、智能手机、电视机、无人飞机、游戏机等,中学生喜欢的电子产品首先是智能手机,其次是平板电脑,再次是电脑(见图 3-1)。智能手机以其强大的信息技术、携带方便,以及外观等方面吸引中学生。

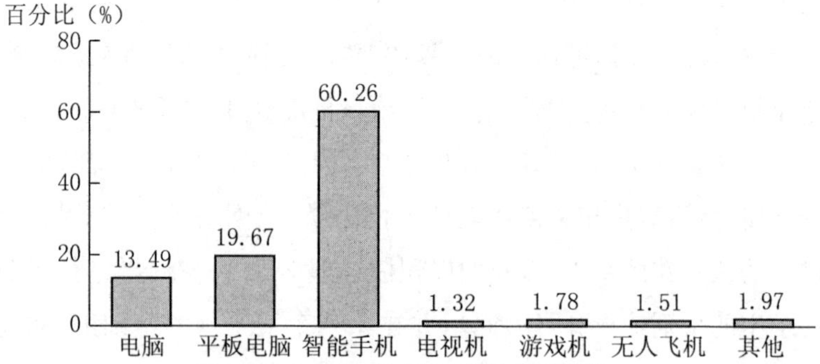

图 3-1　下列电子产品,我最喜欢的是?

2. 中学生接触电子产品的起始年龄关系到他们使用电子产品的时间积累、情感依赖的程度、技术使用的熟练程度、使用功能发挥的程度等。调查结果如图 3-2，大多数中学生的成长过程中都有电子产品的陪伴，依赖感也在日积月累。

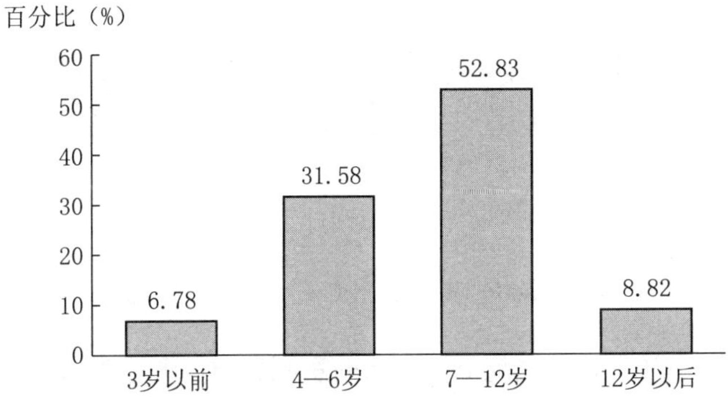

图 3-2　我从几岁时候开始接触电子产品？

3. 电子产品对中学生的吸引力如何？调查发现，中学生自评选择频次较高的分数分别为 8 分、7 分、6 分（以 10 分满分计，见图 3-3），总体较高。较高的吸引力也对中学生自控力提出了较大的挑战，也是家长管理孩子使用电子产品时需要考虑到的方面。

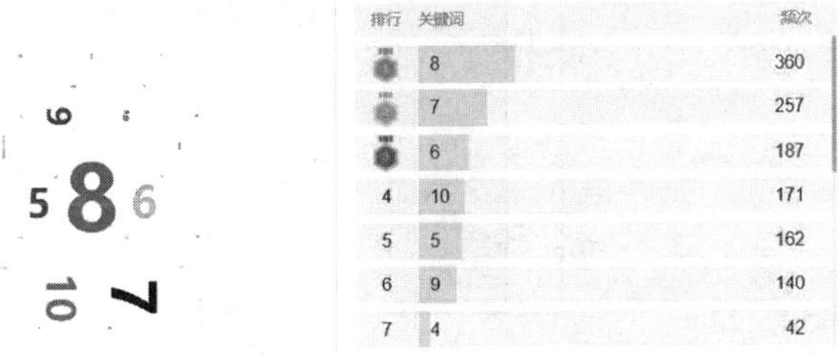

图 3-3　如果满分是 10 分，电子产品对我的吸引力是几分？

4. 中学生对电子产品的上瘾程度如何？调查结果发现，如果满分是 10 分，选择频次较高的分数依次为 5 分、6 分、7 分（见图 3-4），结合图 3-3，说明中学生很喜欢电子产品，但相对而言，大部分学生能较好地控制使用。

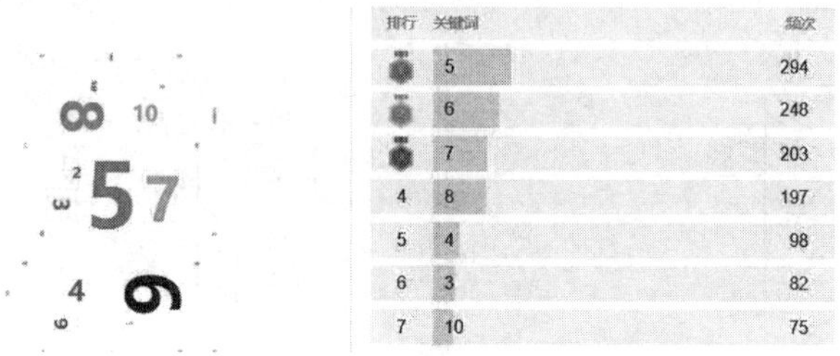

排行	关键词	频次
1	5	294
2	6	248
3	7	203
4	8	197
5	4	98
6	3	82
7	10	75

图 3-4　如果满分是 10 分，我对电子产品的上瘾程度是几分？

5. 中学生独立支配电子产品的意愿如何？调查发现，52.96％的中学生觉得如果没有可以自己支配的电子产品，是一件十分不能接受的事情（见图 3-5）。一方面，体现了中学生渴望独立、拥有支配权的强烈意识；另一方面，也一定程度上反映了中学生对电子产品的依赖程度。

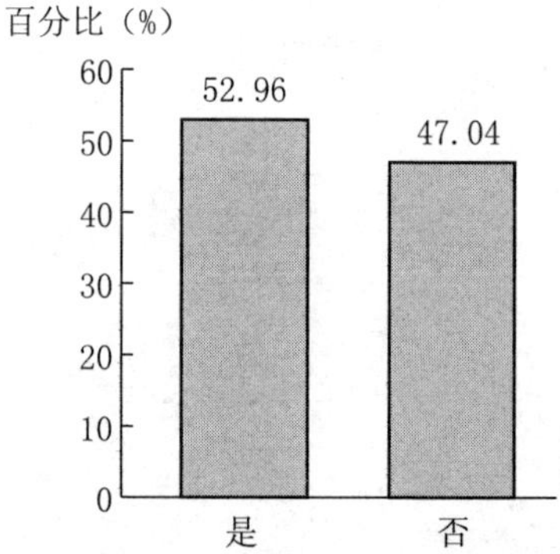

图 3-5　如果我没有属于自己支配的电子产品，那是十分不能接受的一件事情

6. 中学生业余时间对电子产品的需求程度是怎样的，调查发现，如果没有电子产品，15.97%的中学生会觉得无法度过空余、休闲的时间，41.78%的中学生偶尔会觉得无法度过空余、休闲的时间，42.43%的中学生则从没有这样的感觉（见图 3-6）。如果让中学生的空余、休闲的时间能够有更多的选择，一定程度上会降低其对电子产品的过度依赖。在后续在访谈中，我们也看到了学生的选择。

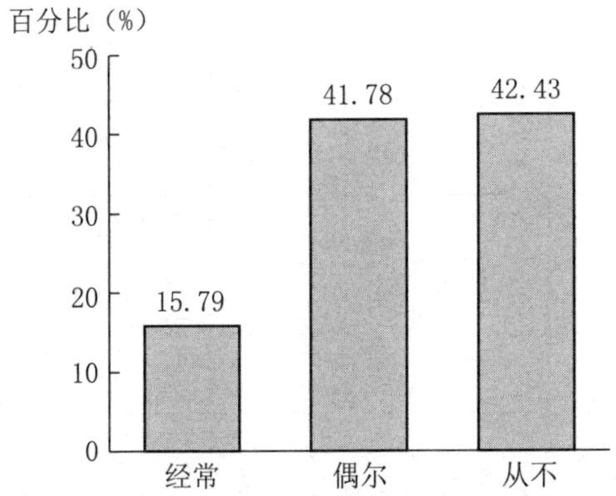

图 3-6　如果没有电子产品，我会觉得无法度过空余、休闲的时间

7. 中学生使用电子产品主要做什么？调查发现，按使用频繁程度排序，依次是听音乐、微信聊天、做功课查资料、QQ 聊天、看电影视频、玩网络游戏等（见表 3-1），以放松娱乐为主，学习为辅。

8. 中学生使用电子产品主要的目的有哪些？按选择比例排序，依次是放松、解决学习生活方面的问题、倾诉交流、打发时间等（见图 3-7）。这是中学生成长过程中自然的心理需求，个体需求需要被看见、被满足。如果长期没有被满足，就会呈现多种不同的行为问题。但如果使用电子产品满足这些需求容易引发过度依赖，

表 3-1 我平时使用电子产品进行以下活动的频繁程度

题目/选项	几乎没有	较　少	一　般	较　多	非常频繁
QQ 聊天	756(49.74%)	286(18.82%)	214(14.08%)	146(9.61%)	118(7.76%)
微信聊天	196(12.89%)	301(19.8%)	418(27.5%)	434(28.55%)	171(11.25%)
浏览信息网页	254(16.71%)	433(28.49%)	436(28.68%)	309(20.33%)	88(5.79%)
玩网络游戏	452(29.74%)	287(18.88%)	369(24.28%)	288(18.95%)	124(8.16%)
收发电子邮件	1 139(74.93%)	248(16.32%)	100(6.58%)	24(1.58%)	9(0.59%)
做功课、查资料	67(4.41%)	216(14.21%)	552(36.32%)	530(34.87%)	155(10.2%)
看电影、视频、Flash、动漫	234(15.39%)	317(20.86%)	435(28.62%)	403(26.51%)	131(8.62%)
听音乐	130(8.55%)	206(13.55%)	376(24.74%)	453(29.8%)	355(23.36%)
网上购物	880(57.89%)	305(20.07%)	230(15.13%)	70(4.61%)	35(2.3%)
浏览色情网页或黄色视频、图片、笑话	1 379(90.72%)	91(5.99%)	25(1.64%)	12(0.79%)	13(0.86%)
看网络小说	915(60.2%)	253(16.64%)	198(13.03%)	102(6.71%)	52(3.42%)
刷微博	1 079(70.99%)	194(12.76%)	123(8.09%)	88(5.79%)	36(2.37%)

是否有其他可补充、可替代的满足方式？如放松的需求，给中学生更多的体育运动的时间、可自主支配的时空等，或许避免中学生采用唾手可得的电子产品放松。我们在帮助中学生健康使用电子产品的过程中，也可以参考这个思路。

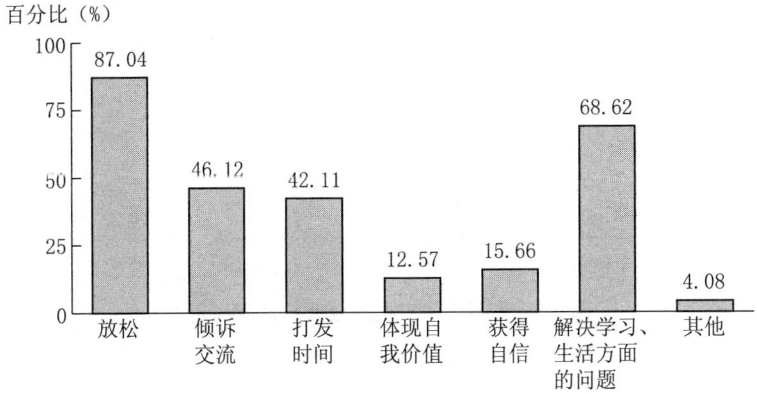

图 3-7　我使用电子产品，主要的目的是什么？

9. 当前中学生的学习压力普遍较高，缓解压力的方式有很多，但往往会选择较为便捷、高效的方式。从调查结果来看，59.93％的中学生认为“使用电子产品能让我释放学习压力”比较符合自己的情况，14.67％的中学生认为完全符合（见图 3-8），与图 3-7 显示的 87.04％的中学生选择使用电子产品用来放松的情况基本一致。

10. 电子产品使用可能带来的不良影响有哪些，66.12％的中学生认为会伤害视力、颈椎，40.79％的中学生认为会影响作息，40.59％的中学生认为会影响学习（见图 3-9），与家长们普遍的担心基本一致。意识到可能的不良影响是调控电子产品使用非常重要的前提，但中学生存在知行不一的特点，具体的行动上可能依然

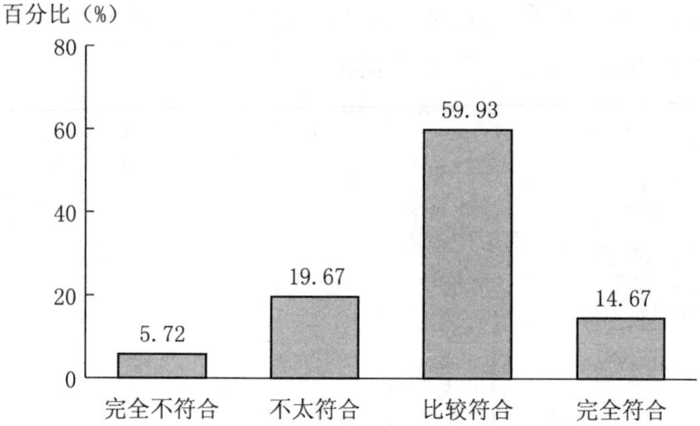

图 3-8　使用电子产品能让我释放学习压力

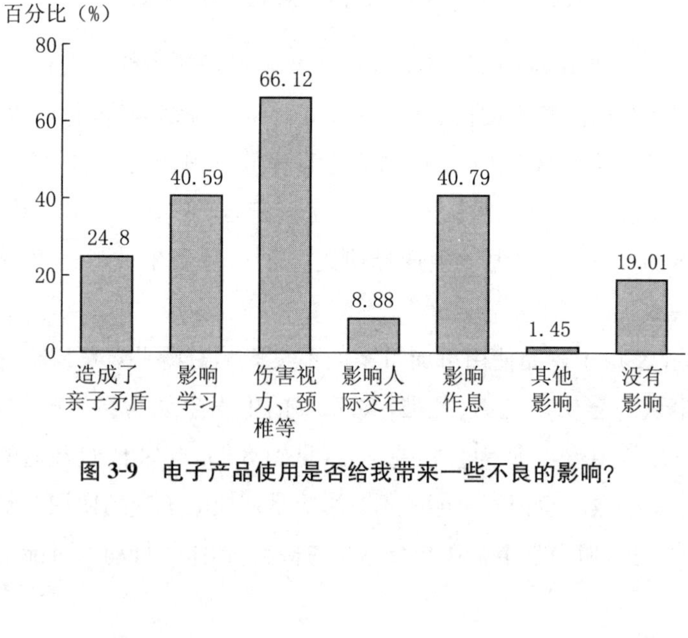

图 3-9　电子产品使用是否给我带来一些不良的影响？

会存在过度使用的情况。对于家长或老师，也可以多从具体的调控行动上努力，忌单纯地讲大道理、说教。

11. 目前，大多中学不允许将电子产品带进校园，学生在校期间无法接触到电子产品。晚上与周末是中学生可能接触电子产品的时间，电子产品使用对学习状态的影响是怎样的？对于"在做作业途中是否会去浏览电子产品"，仅有24.41％的中学生选择了"没有"，62.89％的中学生选择了"偶尔"，12.7％的中学生则选择了"经常"（见图3-10）。电子产品对中学生的吸引力可见一斑。电子产品的物理隔离非常重要，尤其是学生在家时，在非使用电子产品的时间，可以采用物理隔离的方式，将电子产品放置到中学生看不见，也不容易拿到的地方，减少电子产品的干扰。

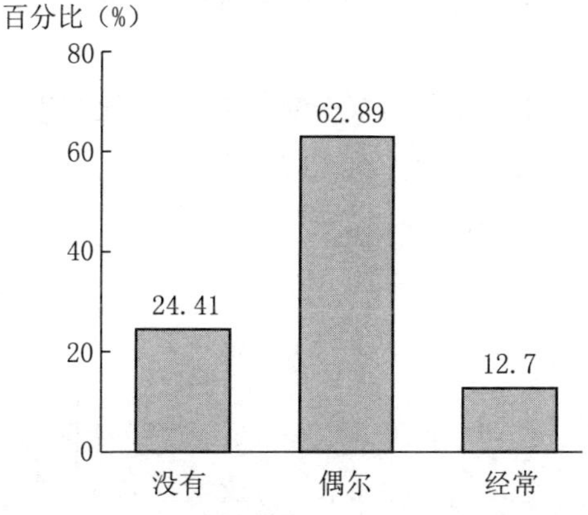

图3-10　我在做作业途中会去浏览电子产品

12. 电子产品使用的时长是衡量其是否过度使用的重要指标，尤其对中学生而言，在学习任务较重的关键时期，时间的分配尤为重要。调查发现，62.17％的中学生的父母、老师或朋友曾经认为他们在电子产品上花了过多的时间（见图 3-11），这也一定程度上反映了中学生对电子产品的依赖，也可能是引发亲子冲突、师生矛盾、自我学习管理困难的重要因素。

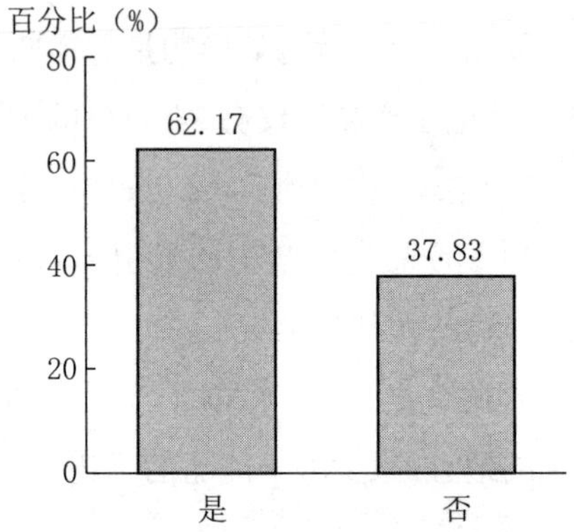

图 3-11　父母、老师或朋友曾经认为我在电子产品上花了过多的时间

13. 大部分中学生认为父母或老师的督促有助于自己健康使用电子产品，虽然过程中大多会因此发生冲突。从实际效果来看，面对父母或老师极力反对，10.72%的中学生仍然会坚持使用电子

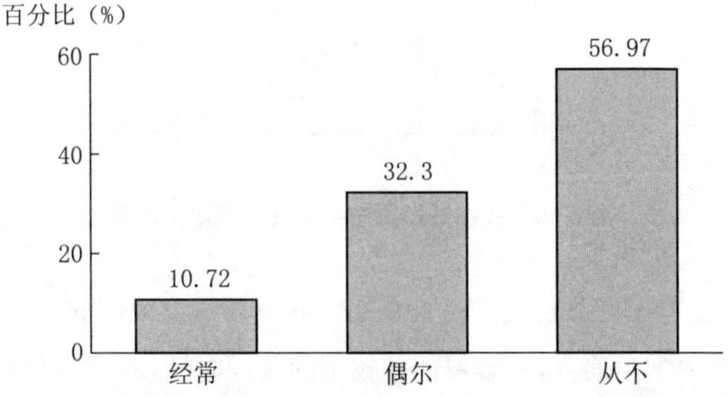

图 3-12　哪怕父母或老师极力反对，我仍然坚持使用电子产品

产品，32.3%的中学生偶尔会坚持使用电子产品，56.97%的中学生从不坚持使用电子产品(见图 3-12)。由此可见，对于中学生健康合理使用电子产品，父母或老师的他律力量非常必要。

14. 因电子产品使用发生亲子冲突的情况如何？调查发现，12.17%的中学生经常和父母发生口角和争执，58.88%的中学生偶尔和父母发生口角和争执，只有三成不到的中学生从来没有因为电子产品使用发生亲子冲突(见图 3-13)。目前，社会各界也都非常关注中学生电子产品使用问题，从未成年人保护法的改进、网络清朗行动、学校、家庭等方面都在努力。

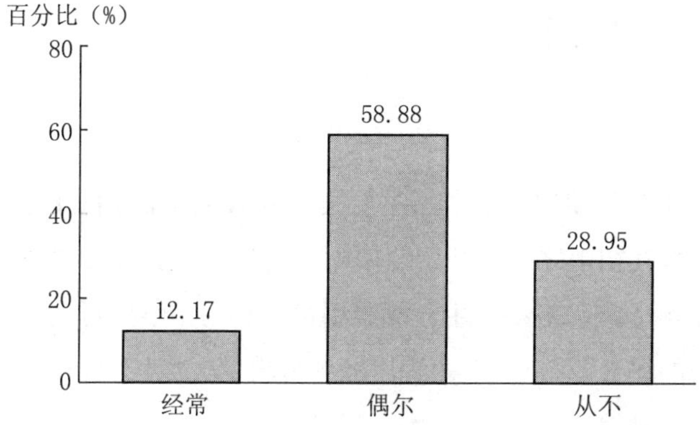

图 3-13　为了电子产品的使用，我和父母发生口角和争执

15. 中学生对父母或老师关于电子产品使用管控的态度是怎样的？调查发现，81.38%的中学生认为在父母或老师的管控下，自己可以更好地控制使用电子产品的时长(见图 3-14)。虽然因电子产品使用引发的亲子矛盾频发，但中学生还是非常需要来自家长和老师的督促、提醒。因此，督促提醒的方式非常关键。

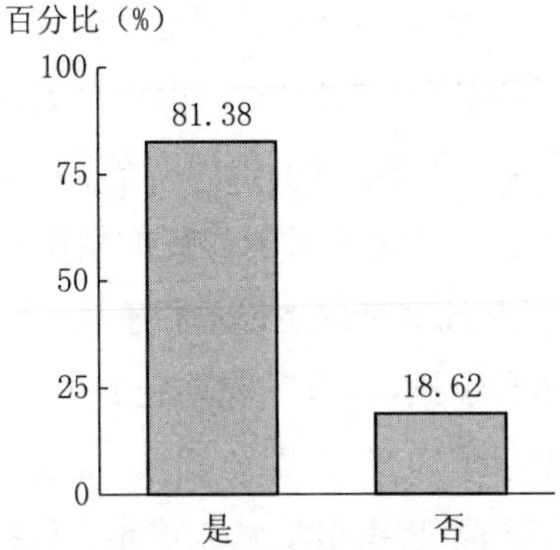

图 3-14　在父母或老师的管控下，我可以更好地控制使用电子产品的时长

➢ 调查结果汇总与教育建议

调查结果汇总

1. 中学生使用电子产品主要集中在智能手机、平板电脑和电脑。大多在初中之前就开始使用电子产品，与电子产品共同成长。

2. 电子产品对中学生充满吸引力。相对中学生对电子产品的吸引力的评分，对自我上瘾程度的评分较低，也对家长和老师的调控提出了挑战。

3. 过半数的中学生渴望拥有独立支配的电子产品，业余时间较为依赖电子产品，父母、老师或朋友曾经认为他们在电子产品上花了过多的时间，将近一半的中学生哪怕父母或老师极力反对，依然坚持使用电子产品。

4. 中学生使用电子产品以娱乐为主、学习为辅，主要用来听音乐、微信聊天、做功课查资料、QQ 聊天、看电影视频、玩网络游戏等，主要的目的依次是放松、解决学习生活方面的问题、倾诉交流、打发时间等。

5. 中学生认为电子产品使用可能带来的不良影响依次是伤害视力、颈椎，影响作息，影响学习等，比如做作业途中大多数中学生会去浏览电子产品。七成左右的中学生因电子产品使用发生过亲子冲突。

6. 虽然因电子产品使用引发的亲子矛盾频发，但中学生还是非常需要来自家长和老师的督促、提醒。《2020 年全国未成年人互联网使用情况研究报告》中提到：50.1％的家长认为家庭是监督引导未成年人上网的最重要因素。家长如何发挥监督引导的作用至关重要。

基于调查结果的教育建议

结合以上调查结果，我们初步提出中学生健康使用电子产品的教育建议如下：

1. 正视电子产品本身的吸引力，站在帮助中学生的立场，与其共同面对与处理诱惑。

2. 家长和老师是中学生健康使用电子产品的重要他律力量，需要结合中学生的心理特点，注重沟通的有效性，多从具体的行动上调控，忌单纯地讲大道理、说教。

3. 必要的物理隔离是减弱电子产品对中学生吸引力的重要举措。

4. 创设满足中学生成长需求、放松休闲的时空与平台，避免其单纯地依赖唾手可得的电子产品。

中学生网络游戏的访谈与心理分析

曾有游戏大佬总结网络游戏之所以受中学生的欢迎，很大程度上是由于中学生在网络游戏中可以轻松获得以下体验：达成目标、荣耀、互动、惊喜。中学生借助网络游戏，拥有了意义感、获得感与成就感，以及必要的放松。那些过度迷恋游戏的中学生往往在现实的学习生活中无法满足以上需求，转而投入网络游戏，一方面可回避现实问题；另一方面也可在虚拟游戏中体验成就感，将人生的意义付诸网络游戏。

➢ 中学生网络游戏的现状

在所有的网络娱乐活动中，未成年人的网络游戏行为最受社会关注，其可能带来的沉迷和过度消费不利于未成年人健康成长。共青团中央维护青少年权益部、中国互联网络信息中心联合发布《2020 年全国未成年人互联网使用情况研究报告》显示：上网玩游戏的未成年网民比例为 62.5%，较 2019 年(61.0%)提升 1.5 个百分点。其中 1/3 的儿童、中学生玩家每天都会玩网络游戏。手机是未成年人上网玩游戏的主要设备。数据显示，玩电脑游戏的比例为 28.9%，玩手机游戏的比例为 56.4%。未成年手机游戏用户中，在工作日玩手机游戏日均超过 2 小时的达到 13.2%，略高于 2019 年的 12.5%。随着 2020 年《未成年人保护法》增设“网络保护”专章等内容的修订、2021 年 8 月国家新闻出版署发布《关于进一步严格管理　切实防止未成年人沉迷网络游戏的通知》，预期中学生过度沉迷网络游戏的比例将有所下降。

➢ 中学生网络游戏的访谈与心理分析

为了解中学生玩网络游戏的心理状态，我们邀请了11位中学生进行了相关内容的访谈。其中，七年级两位男生，一位女生；八年级两位男生，一位女生；高一年级两位男生，两位女生；高二年级一位女生。这11位同学均对网络游戏有一定程度的体验。

1. 你从几岁开始用电子产品？开始时主要用来做什么？

七年级男生1:7岁开始接触电子产品，主要用来打游戏。

七年级男生2:10岁，放松、查资料和听歌。

八年级男生1:10岁，主要是玩微信。

八年级男生2:6岁，看动画片、短视频。

七年级女生:4岁，开始就是电话通信。

八年级女生:10岁，主要用来上网课。

高二女生:6岁左右，看到别人有手机，就让爸妈买了手机。

高一女生1:我从三四岁开始使用电子产品，主要是用来玩游戏、学习和看视频。

高一女生2:我从3岁开始使用电子产品，主要是玩游戏。

高一男生1:我大约三四岁，刚开始是上早教课，看早教视频，上小学后开始打游戏，2年级开始注册微博、微信，网上社交。

高一男生2:小学四年级开始用平板电脑，主要用来打游戏、看视频。

访谈分析:从接受访谈的个体中，我们发现中学生启用电子产品多在学龄期前，个别是读小学期间。刚开始使用电子产品的功能主要是通信、游戏、听音乐、看视频、学习、社交等。与蔚迈公司(Wavemaker)在2019年2月发布的《数字时代的中国孩童白皮书》内容基本吻合:中国当下6—15岁的孩童,多达1.6亿,他们开始使用电脑的平均年龄为7.8岁,开始使用智能手机的平均年龄为7.3岁,大部分在9岁以前都已接触各种设备、电子游戏、社交媒体。可以说,这1.6亿人口,是中国第一批拥有“数字童年”的群体。

2. 你平时主要玩什么游戏?最喜欢哪一款游戏?不太喜欢哪一款,分别为什么?网络游戏吸引人的方面是什么?

七年级男生1:玩MOBA(Multiplayer Online Battle Arena,多人在线战术竞技游戏),《王者荣耀》之类的,网络游戏比学习更有吸引力,可以让人发泄和释放,学习比较枯燥,但游戏中的画面比较有趣。

七年级男生2:我比较喜欢《Phigros》《王者荣耀》《和平精英》《王牌竞速》《原神》《明日方舟》,等等,不太喜欢《闪耀暖暖》。玩游戏主要是可以放松,比学习快乐。

八年级男生1:我喜欢《王者荣耀》《绝地求生》《哈利·波特》《Phigros》《和平精英》《英雄联盟》,等等。我觉得游戏中可以用简单的方式达成一些较难的目标,很有成就感吧。

八年级男生2:我最喜欢《王者荣耀》,网络游戏中可以发泄情绪,可以简单快速地获取快感。

七年级女生:我个人喜欢《和平精英》《奇迹暖暖》,其中最喜欢《奇迹暖暖》。不太喜欢《王者荣耀》,因为我觉得有点难。玩游戏主要是放松、打发时间。

八年级女生:我喜欢《王者荣耀》《哈利·波特》等游戏。玩游戏最吸引我的地方是可以有很多机会重来，这在平时的学习生活中很少有这个体验。

高二女生：我喜欢的游戏范围很广，如《我在七年后等着你》，因为觉得这个游戏很有趣。不喜欢《阴阳师》，也不知道为什么不喜欢。网络游戏吸引我的地方是可以消磨时间和交朋友。

高一女生1：我主要玩模拟器类的游戏，喜欢剧情吸引人、角色好看的游戏，也喜欢逃生类的游戏、制作精良的游戏和搞笑的小游戏。不喜欢“王者”。我觉得网络游戏吸引人的是剧情比较牛。

高一女生2：我主要玩《明日方舟》《原神》《我的世界》《和平精英》，以及音乐游戏等。最喜欢BanG Dream上的视觉小说。不太喜欢《王者荣耀》。游戏吸引人的方面包括剧情、好看的人物形象、画面，以及遇到一起玩的人。

高一男生1：我比较喜欢《原神》《明日方舟》两款游戏，不太喜欢以牺牲游戏性和透支未来发展来换取经济收入的游戏。喜欢以环境平稳、不必花钱便能获得游戏性的游戏，能够体验到现实中无法体验到的，通过自己的坚持得到一定成就。

高一男生2：我主要玩《皇室战争》。最喜欢《穿越火线》。不太喜欢《王者荣耀》，因为一局时间太久，《穿越火线》一局的时间少，比较容易玩过瘾。

（注：笔者对访谈中学生提到的各类网络游戏没有任何宣传、评价等的意图。）

访谈分析：访谈中，学生罗列了自己喜欢、不喜欢的一些网络游戏，其中喜欢网络游戏的原因，如放松、娱乐、平衡日常学习的枯燥乏味、发泄情绪、获得成就感、体验“有机会重来”的感觉，以及网络游戏的剧情、画面吸引人，遇到可以一起玩的人，等等。中学生通过玩网络游戏达到情绪调节、压力应对、社交等目的。网络游戏作为传播媒介，能够对玩家的认知和行为产生一定的影响，并带动起一定的社会流行趋势，尤其是中学生游戏用户的环境认知、价值观塑造方面。要正确发挥电子产品中的网络游戏正能量引导作用和文化传播功能，需要政府、企业、学校及家庭教育共同关注。

3. 玩游戏时印象最深刻的——比如，最激动、开心的时刻，或者最难过或者愤怒的时刻——体验是什么？

七年级男生1：很难过的时候是游戏会让你强制下线，或者看着游戏失败却无力回天，连败、网络延迟、被抢手机。但拿到“王者印记”，在游戏中“乱杀”的时候很开心。最深刻的体验感受是玩弄敌人，“1v5反杀”。

七年级男生2：玩王者的时候最开心，最难过的是当未成年限制弹出来的时候，以及连着输的时候。最深刻的体验是感受到很简单的快乐，比学习快乐。

八年级男生1：开心的是拿到“王者印记”，拿到“区标”。难过的是未成年限制框弹出来的时候，或者打游戏打到一半被父母关掉。最深刻的体验感受是团队合作。

八年级男生2：印象深刻的一件事是暑假里，爸妈去上班了，平板电脑落在家里了，我开心极了，结果，玩游戏的时候连输几十把，崩溃极了，直到爸妈下班回家，我都没有赢过一局。然后，接下来很长一段时间我对游戏都没什么兴趣了。在游戏中拿到MVP的时候最开心。最深刻的体验感受是“丝血反杀对手”(指游戏中角色即将被击杀时反杀对手)，打出预判的操作。

七年级女生：印象深刻的一件事，有一次(和父母)在外面逛街，然后到了晚上8点钟的时候他们还在逛，我就说到了打游戏的时间了。我央求了很久，妈妈才同意把手机给我。然后，我刚玩没多久，我爸就说逛好了要上车，我说游戏不能暂停，就一边走一边玩游戏，然后刚上车，网就断了，我差点崩溃，直接关机，不玩了。最开心的是在《奇迹暖暖》游戏中凑齐一套衣服。最深刻的体验感受是简单的快乐。

八年级女生：操作不好的时候很难过。最深刻的体验感受是团队合作。

高二女生：游戏赢了的时候最开心。“至暗时刻”就是游戏玩输了的时候。最深刻的体验感受是有时候游戏的结局会影响到自己的心情。

高一女生1：玩“逃生”的时候，有一个躲怪物的场景一直过不去，后面就一直试一直试，后面无伤一次过的时候特别激动！难过的是一局游戏打了四十多分钟后手机没电了，再开机时已经输了，从此我告别了这个游戏。最深刻的体验感受是比较爽。

高一女生2：最激动、开心的是抽到我想要的卡牌，最难过愤怒的是即将通关时电脑死机，我就直接卸载或不玩了，转移注意力后很快就会好起来。最深刻的体验感受是玩“开放大世界”类型游戏，有时会在不经意间被精美的场景震撼到。

高一男生1：之前在打“王者”的时候，和朋友坐在一起，为了同一件事而着急，为了同一件事而欢呼，有争吵，有欢笑，让我们感觉到我们确实在一起努力。最难过的是打到最后时刻掉线了。最深刻的体验感受是相较于单机游戏，网络游戏带来的更多的是与不同的人、不认识的人的接触和交流。

高一男生2：我有一次因为网络延迟输给对手，非常愤怒，然后一怒之下砸坏了平板电脑。最深刻的体验感受是有一次在“幽灵模式”，一刀砍死四个(对手角色)。难过的是有一次因为网络延迟，被对手角色连续击杀10次。

访谈分析：学生在游戏中的情绪体验，最开心、激动的时刻多来自游戏中历经千辛万苦通关，达到某个级别，或者集齐某个卡牌、衣服等，多为成就感，也有学生提到网游中有一起“拼杀”的小伙伴，体验并肩作战的快乐，以及通关后，可以获得“乱杀”的放纵。负向情绪多来自“未成年限制”、网络延迟、死机等游戏被迫中断而产生的愤怒、无奈感。网络游戏带给中学生的积极意义不言而喻，但对自控力较弱、支持系统不完善的个体来说，如果不能较好地调控网络游戏的时间，也可能诱发个体的负向情绪，甚至出现游戏的戒断状态，如个体在无法玩游戏或游戏突然中断时会表现出坐立不安、生气、易怒、暴躁等表现(张锦涛，许琳璇，2020)。

个别学生提到的深刻体验中有“乱杀”的描述，也是很多家长担心的暴力网络游戏对中学生的认知与行为的可能影响。陈星辰(2021)在《互动理论视角下手机暴力游戏对中学生的消极影响研究》中提出：手机暴力游戏带来中学生人际交往受阻、行为失范、价值观扭曲、角色转换混淆等问题。游戏开发商应发掘具有健康价值取向的游戏符号，研发具有健康价值取向的游戏产品。中学生需要提高自律意识，辨清虚拟与现实，养成良好生活习惯，防止沉迷游戏。

4. 最近国家颁发了一系列中学生网络游戏的政策，对此，你有什么感受？有什么修改的补充建议吗？

七年级男生1：建议下架学习机，学习机爸妈可以控制，只能用来学习。有一次在学习机上偷偷下载了微信，发现我爸妈的手机上是可以看到我的微信聊天记录的，一点隐私都没有。

七年级男生2:有些限制有bug,比如有的游戏是老用户的话,就没有时间限制。

八年级男生1:特别难受,每个周末晚上只能玩1小时,然后我爸妈又不给我人脸识别,我很难受,希望取消限制。

八年级男生2:很多游戏玩1个小时差不多可以升级,或者"零积分"了,然后突然提醒时间到了,前面的都白玩了。建议取消限制。我爸妈帮我人脸识别了,但也会突然抢我手机。然后,我有时候发誓这周肯定不打游戏了,但到了周末就特别想玩,非常"打脸"。

七年级女生:我听说有些同学会用家长的身份证登录,然后就可以无限制地玩游戏。我觉得可以增加人脸识别,防止中学生用其他人的号打游戏。

八年级女生:我觉得国家这个政策很好的。毕竟我们也到了学习压力大的年龄,这样可以借外界的力量帮助自己控制游戏时间。

高二女生:近期玩游戏比较少,但希望解除此限制政策。

高一女生1:时间太短了,建议每天2小时,节假日5小时。

高一女生2:我绑定的是家长的身份证,替身边的朋友感到惋惜。

高一男生1:国家政策对于中学生网络游戏增加了极大的限制,一方面,是对中学生沉迷网络游戏的一种预防和限制,另一方面,每周3个小时上限的游戏时间基本上断绝了中学生享受网络游戏的可能性。可以考虑周末的每天1小时,但不要增加时间段的限制。

高一男生2:我认为这非常烦人,应该多开放一些时间。

访谈分析:在前一个问题中,多数学生提到了糟糕的游戏体验来自“未成年限制”，访谈中学生中反映出一定的无奈。《2020年全国未成年人互联网使用情况研究报告》中的数据显示：“未成年网民中，认为中学生网络防沉迷系统有用的达到65.6%，较2019年（58.9%）提升6.7个百分点。”学生访谈的时间是在2021年8月份国家新闻出版署下发《关于进一步严格管理　切实防止未成年人沉迷网络游戏的通知》之后，对于“1小时”的限制，访谈的学生大多颇有微词，一方面觉得限制过于严苛；另一方面，无法体验游戏本身的乐趣。个别同学通过父母的身份登录游戏，但是在可以较好地自控的前提之下。随着“未成年限制”相关政策的宣传普及与教育，相信中学生对此会有更好的理解与接受。

5. 你的父母对你在网络游戏方面的态度是怎样的？如果你们之间在网络游戏的时间或者内容方面有分歧，一般是如何处理这个分歧的？

七年级男生1：父母在游戏过程抢手机，有时争吵，后来和父母达成协议，保证不超时，就确保了自己玩游戏的机会。

七年级男生2：父母不是非常赞同我玩游戏，但同意我偶尔玩游戏放松放松。

八年级男生1：赞同，周一至周四完成目标可以看手机，不玩游戏，周末八点至九点玩1个小时。

八年级男生2：我父母觉得网络游戏就是“毒品”，看不到游戏一点点好的地方。只有在我非常强硬的时候，或者他们心情好的时候我才能打游戏。如果发生分歧，他们会直接不让我玩，比如断网。我会跟他们大声争吵，尤其是我玩到一个关键阶段的时候，被突然断网，气愤至极，我家因为这个问题经常发生冲突。我羡慕别人家的父母，虽然不支持孩子玩游戏，但也不至于完全看不到游戏好的地方，让我觉得他们否定游戏就是否定我。成人们觉得玩游戏的人就是坏的学生、成绩差的学生。并且，但凡我成绩下降，他们就让游戏背锅。

七年级女生：我的父母非常民主，他们对游戏没有特别的反感。可能也只要是我玩游戏很能够自我克制，也不需要父母干涉，更不会发生什么冲突。

八年级女生：几乎没有分歧。我和家长都觉得只要有自控力，网络游戏非但无害还有益。

高二女生：父母赞同我打游戏，因为我并没有上瘾。

高一女生1：没有分歧，全部依靠自己管理。

高一女生2：如果是适度玩游戏父母还是很支持的，之前甚至下载了《明日方舟》陪我一起玩。如果冲突的话，就约定玩游戏的时间，还有玩游戏的场所必须在客厅。

高一男生1：我父母比较支持我打游戏，关键在于要在时间控制的范围内。如果遇到分歧，通常是我主动交涉，若分歧没有解决，我一般无奈退让。

高一男生2：父母对游戏时间有严格的限制，发生冲突的时候主要是通过调整游戏时间来处理。

访谈分析：中学生使用电子产品的各项功能中，家长比较担心的是网络游戏对其的消极影响，亲子之间也常见因网络游戏问题导致的矛盾冲突。从访谈学生反馈的内容来看，家长比较信任孩子的情况，多建立在孩子相对自律的前提下，或者孩子愿意妥协或者重新协调时间的情况下，或者玩游戏的场所在家庭公开区域，便于家长及时了解网络游戏内容，也减弱了家长的担心。个别矛盾冲突较大的学生反馈家长盲目否定游戏，这需要家长对游戏多一些了解，对孩子多一些理解，当然，也需要孩子对家长的担心多一些理解和尊重，相互沟通与协调。

6. 你觉得中学生网络游戏过度的标准是什么？你觉得中学生在玩网络游戏方面是否存在误区？有什么建议？

七年级男生1：过度表现在影响到学习和睡眠质量。不过，我觉得现在我们游戏上瘾，不都是我们的错，因为我们平时真的没得玩，然后拿到手机后就特别特别想玩。有误区，觉得游戏太好玩了，不自觉地忽略学习，我觉得将来会养成以快乐为标准的习惯，丧失了基本的责任心。我建议中学生要劳逸结合，既要会放松，也要把握好目前学习这个主业。

七年级男生2：过度的标准是影响学习，导致作业长期无法正常完成，熬夜打游戏影响到睡眠。建议还是以学业为主，网络游戏还是要让道，把学习摆在正道。

八年级男生1：过度体现在影响学习，作业无法按时完成，影响睡眠质量。建议建立正确的价值观，适当玩一玩。

八年级男生2：影响到学习了就是过度了。误区是一味地玩游戏，完全不管学习，或者每天玩游戏的时间太长了。建议同学们多一些自律，避免跟家长发生冲突，否则两败俱伤。

七年级女生：我觉得有些同学玩游戏过度会忘记自己应该做的事情，影响学习，影响睡眠质量。身边有些同学玩游戏后成绩直线下降，晚上打游戏，不及时完成作业，白天上课睡觉，像变了一个人。我希望他们能够控制好玩游戏的时间，不要浑浑噩噩的，像个瘾君子，完全没有了中学生的活力。

八年级女生：我觉得过度的标准是沉溺游戏之中，对其他事物都没了兴趣。我觉得最主要的误区就是玩游戏时间太长。建议同学们对自己还是要有清晰的认知，如果只是享受现在玩游戏的快乐，完全不管自己的未来，非常不负责任。要经常想想自己将来要做什么，现在的学业成绩如何，有没有自己的兴趣爱好及一技之长，如何更好地发展自己。

高二女生：过度就是上瘾了，不打游戏就浑身难受。我觉得有些同学的误区是只有玩游戏这个兴趣爱好，然后时间把握不好的话就会影响学业，建议多发展些其他的兴趣爱好，比如说运动。

高一女生1：过度沉迷游戏以至于忘记自己的本职，以及应尽的义务。

高一女生2：我觉得过度的表现就是沉迷其中，走不出来，忽略现实生活。有些同学的误区是胜负欲过于强，我认为玩游戏主要是为了放松，把它当作一种享受，而不是负担。

高一男生1：首先，玩网络游戏的时间过长；其次，在非玩游戏的时间仍在想着玩游戏；再者，在游戏的相关事项上花费了大量的金钱。

高一男生2：我觉得过度的标准是一天的大部分时间都在玩游戏，还有分不清虚拟和现实。我觉得误区就是有些同学把玩游戏当作唯一的娱乐方式，我建议多些娱乐方式，比如多一些体育运动的时间。

访谈分析：访谈学生提到网络游戏过度的标准多集中在影响睡眠、学习这两个方面，说明孩子们认知层面清楚当下身体发育、个人发展的重要性。认知误区表现为忽视学业、追求简单层面的快乐、忘却当下的责任、兴趣爱好过于单一等。建议在求学阶段以学业为重，培养多方面的兴趣爱好，避免网络游戏成为唯一缓解压力、宣泄情绪的途径，也要增强个人的责任心，着眼未来，立足当下。

➢ 基于访谈与心理分析的教育建议

1. 中学生开始使用电子产品的时间大多在学龄前，伴随其重要的成长阶段。家长需要从其接触电子产品伊始，制定合理使用的规则，并一以贯之地严格执行，避免其过度使用形成依赖或者带来较多不良影响的时候再进行干预。

2. 网络游戏本身带给中学生许多积极的体验，如成就感、团队合作，也帮助其情绪调节、压力应对、社会交往等。同时，多样的积极体验自然也容易让中学生对网络游戏形成依赖。国家推出的“1 小时”时间限制，可以避免中学生从时间上过度卷入，具体执行上需要家长的积极支持与配合。也需要家长拓展孩子获得以上积极体验的途径与方式，保障孩子的成长需求获得满足，避免对网络游戏形成过度依赖。

3. 家长与孩子对网络游戏的态度是否一致取决于彼此的信任、相互的理解、及时的沟通。如家长不盲目反对与排斥，能够理解孩子的兴趣；孩子不随意违反规则，遵守时间约定。也需要创设适切的环境，如在相对公开透明的环境下玩游戏，便于家长及时了解游戏内容。

中学生线上社交的访谈与心理分析

随着智能电子产品和互联网的出现，线上社交已成为人们人际交往的重要途径，也日益成为受中学生们青睐的社交方式。线上社交改变了中学生交流沟通的方式，影响了中学生友谊构建的质量。在日常心理咨询中时常遇见家长对孩子各方面表现尤其是学业成绩表达不满，孩子感受不到家长对自己的关爱与包容之心，转而到网络中寻求支持。也有学生由于学业繁忙，日常无暇与同伴互动，夜深人静之时会通过微信、QQ 等社交媒体和网友诉衷肠，寻求陪伴与心理支持。线上社交使用会如何影响中学生的友谊质量，目前有不同的观点。一种观点认为，线上社交的使用促进了中学生友谊质量的形成与维护。一方面，互联网和社交媒介使用可以帮助个体维持与增强他们的现实社交网络和社会联系。另一方面，中学生的线上友谊会对其线下友谊产生重要的补偿作用。另一种观点认为，线上社交使用会降低中学生现有的友谊质量。个体在家里使用互联网的时间越多，跟家人和朋友社交互动的时间就会越短，随着中学生网络使用时间的增加，亲子冲突会明显升高、亲子亲密度也会明显下降。本节内容，我们来了解中学生线上社交的现状与心理状态，访谈围绕网上聊天展开。

➢ 中学生线上社交的现状

我们的调研发现，46.12％的中学生会使用电子产品用于倾诉交流，是人际交往的重要方式。《2020 年全国未成年人互联网使用情况研究报告》数据显示：未成年网民的网络社交活动中，网上聊天的比例为 55.1％，使用社交网站的比例为 30.9％，逛微博的比例为 11.3％，逛论坛的比例为 10.4％，粉丝应援的比例为 8％。通过互联网进行粉丝应援成为未成年网民一种新的网上社交与休闲娱乐活动。所有学历段中，初中生网民在网上进行粉丝应援活动的比例最高，达到 11.0％，其次是高中，达到 10.3％。

根据网络成瘾的 ACE 模型，网络的便捷性是影响网络成瘾的重要原因之一（Young，1998）。线上交流等社交软件可以为人们提供随时交流的平台，也可以延时回复，如微信，个体可以考虑周全后再回复，提高交流的控制感。此外，线上交流使用丰富的表情包，增加了交流的积极感受，也会增强个体对线上交流的依赖。

➢ 中学生线上社交的访谈与心理分析

为了解中学生线上社交的心理状态，我们邀请了 12 位中学生进行了相关内容的访谈。其中，八年级一位男生，一位女生；九年级两位男生，两位女生；高一年级两位男生，两位女生；高二年级一位男生，一位女生。这 12 位同学是自我推荐参加该访谈，在线上社交方面有一定的体验和想法。

1. 还记得你第一次线上社交是几岁吗？当时是在什么情境之下？

八年级男生：5 岁，幼儿园大班的时候，当时全家都有了微信，我也就有了自己的微信。

九年级男生 1：11 岁，当时大部分同学都有了微信，并且我当时刚转学，需要融入集体，就申请了微信，加入同学们的微信群。

九年级男生 2：大概 10 岁，周围同学都有了微信，有了班级群，为了更快地融入集体，就申请了微信。

八年级女生：因为同学都有微信了，然后八年级的时候下载了微信，很好奇地给自己发信息。

九年级女生 1：9—10 岁，身边同学都有了微信，然后爸妈给准备了手机，下载了微信。

九年级女生 2：第一次网聊应该是在 8 岁时，因为当时比较要好的朋友都有了，所以我也开始用微信了。

高一女生1：我第一次在网上聊天大概是小学四五年级吧，记得是在一个明星的粉丝群里。

高一女生2：我大概7岁的时候有了微信，当时主要是和远在他乡的亲戚视频聊天。

高二女生：我大概9—10岁左右开始在网上聊天的，当时是在QQ群里面的模拟游戏群。

高一男生1：我是13岁开始网上聊天的，在暑假里和音乐平台上的好友有共同的爱好，于是开始聊天。

高一男生2：我是9岁有了自己的微信，我在同学群里挑头吐槽小学的班主任老师，然后第二天我被罚站了一个早上。

高二男生：第一次网上聊天大概是8岁左右，在百度贴吧，第一次接触到一个全新的世界。

（注：笔者对访谈中提到的各类网络社交平台没有任何宣传、评价等的意图。）

访谈分析：参与访谈的学生中，启用线上交流的年龄大多在小学高年段，多是使用微信，源于身边人都有了微信，自己为了融入集体，加入班级微信群。也有学生反馈是参加了粉丝群、音乐平台好友交流、模拟游戏群交流、百度贴吧等。个别学生忽略线上交流的特点，如吐槽老师被泄密，导致尴尬的事件。同伴之间的相互影响在很大程度上加速了中学生线上交流的普及。

2. 你喜欢线上社交吗？为什么？

八年级男生：喜欢，因为在网上聊天可以让我有一些放松，也可以帮助我完成许多事情。

九年级男生1：比较喜欢，因为可以随时随地聊一些平时说不了的话，但有些复杂的事情说不清楚。就是仅仅看对方的文字，很难揣测对方的情绪，也就不知道自己说的话是不是恰当。

九年级男生 2：不喜欢，觉得网上聊天比较虚无。

八年级女生：不喜欢，我觉得对情绪有束缚的，如果自己现在很气愤，和对方聊天时的文字很难反映出情绪状态，文字还是比较冷静、轻松的吧，现实中就可以很好的表达情绪，觉得和现实差距很大。

九年级女生 1：喜欢，因为比较方便，更喜欢跟小学同学或者一些不见面的朋友聊天。我觉得自己在网上聊天和现实中还是很不一样的，感受很不一样。

九年级女生 2：不是非常喜欢，感觉网上聊天表达不清楚自己想表达的内容和情感。并且第二天和同学聊起昨天网上聊天的内容，觉得很难启齿，很尴尬。

高一女生 1：还行，有时候素不相识却可以唠嗑讲讲自己城市的生活，挺好的。

高一女生 2：谈不上喜欢，有时候觉得网上聊天会浪费时间，但有时候又可以和某些朋友保持联系。

高二女生：我喜欢在网上聊天，有利于抒发情感。

高一男生 1：我喜欢在网上聊天，网上聊天能够接触世界各地本来不了解的人，增长见识，还能互相分享各自的爱好。

高一男生 2：我喜欢在网上聊天，但有心理阴影。我亲爱的母亲在一次日常浏览我的聊天记录时，发现了和我用情侣头像的兄弟……怀疑我是同性恋……

高二男生：还可以，可以认识一些人，知道别人的生活是怎样的。

访谈分析：汇总学生访谈中提到的对线上聊天的评价，喜欢的理由包括线上聊天比较放松、便捷、可以体验不同的聊天感受、有助于抒发感情、认识和了解更多的人、增长见识，等等；不喜欢的理由包括很难通过文字揣测对方的情绪、比较虚无、有时表达不清楚、浪费时间、容易引起误会，等等。

3. 你觉得网上聊天和现实中跟人聊天各自的利弊是什么？网上聊天的优势是什么？

八年级男生：网上聊天有利的地方是帮助完成作业，同学之间可以快速的分享答案。一个人、一支笔，大家分别认领一个学科，一个晚上完成所有的作业。但弊端就是容易浪费时间，网上聊天时间过得非常快。网上聊天会留下文字的证据，不太容易耍赖。现实中聊天打赌之类的，容易不算数。

九年级男生1：网上聊天优势是不受时空的限制、便捷。

九年级男生2：网上聊天方便，但现实中的聊天比较真实。

八年级女生：网上聊天可以说一些现实中无法说的内容，也很便捷，方便资源共享，比如分享一些作业的答案。微信上我会揣测别人的意思，会对着屏幕研究半天。当然，也给我思考的时间，慎重回复，当面聊天就不太容易做到。网络看似节约了我们的时间，但实际上我们更忙了，好像增加了我们的工作量，回到家的时间也被占据了。

九年级女生1：网上聊天的弊端是少了一些真实感，但方便情绪的表达，可以用一些表情包。现实中跟人聊天更有亲近感，网上聊天可以发些文件、提醒什么重要的事。我会关注、保存聊天记录，尤其是比较有意义的记录，会反反复复地看。但对于伤心的记录，就快速刷过去。有时候可以发现“共同好友”，但是在QQ上可以这样操作，微信上不可以。

九年级女生2：网上可以说一些不好意思说的事情，线下可以表达出自己比较真实的情感。网上方便寻找更多的朋友。

高一女生1：网上聊天比较不在乎别人怎么看，也可以更好地给出得体的回答。现实中聊天情绪更能被感染到，更热闹活跃一点，但可能看别人脸色也比较容易乱想之类的。

高一女生2：网上聊天可以突破时间和空间的阻碍，但会浪费一定的时间。现实中聊天可以面对面的交流，但有时空的阻碍。

高二女生：我觉得网上聊天不用太多顾虑，但容易被骗，也容易留下记录。现实中聊天能够更准确地表达。

高一男生1：网上聊天可以互相倾诉、分享快乐、放松心情，无所顾忌，不受现实中的压力的约束，给生活更多惊喜和快乐。弊端就是容易受骗。

高一男生2：网上聊天可以避免面对面的尴尬，比如和女生聊天。弊端就是信息传递的遗漏与延时，文字间出错与表述不清。

高二男生：我觉得现实中聊天面对面的更有诚意，网上聊天真真假假、假假真真。网上聊天的优势是方便快捷，随时随地都可以。

访谈分析：访谈学生感受到的网上聊天的优势包括：方便快捷，没有时空的阻碍；便于表达现实中无法表达的内容；有助于控制自己的情感，理清思路，慎重回复；可以反复浏览过往的聊天记录，尤其是一些温暖的对话；方便找到更多的朋友；不在乎对方怎么看，更自由的表达；更有助于相互倾诉、交流，放松心情。

网上聊天弊端包括：不知不觉中会浪费很多时间；容易留下对话的证据；容易被骗；信息延误，也会产生误会。

现实聊天的优势包括：比较真实；容易被现场的情绪感染；更

有诚意。

现实聊天的弊端包括:交流中不容易调控自己的情绪,有时候不能表达自己“得体”的真情实感;有时空的阻碍。

如上表述,如何兼顾网上聊天和现实聊天的优势,规避两者的弊端,是生活在信息时代的中学生要面对的课题,也是家庭教育和学校教育中需要关注的内容。相对而言,中学生感受到的线上交流的优势较多,也要警惕因此可能会诱发的对电子产品的过度使用,以及不自觉中忽略了现实中的人际交往。另外,多个学生提到线上交流的弊端“容易被骗”,说明中学生亟需培养网络安全素养。

4. 网上聊天的过程中你印象深刻的一件事是什么?当时的感受体验是怎样的?

八年级男生:现实中认识了一位女孩,后来经常在网上聊天,很开心。

九年级男生1:相册里有好友,让我给他发照片,说给我上热搜,我没给他,觉得会被骗。

九年级男生2:《王者荣耀》里的游戏对决时,对方爆粗口,觉得很没劲的。还有一次,在游戏里,两个人合作非常愉快,玩了很久以后,发现他就在附近,是班级同学的一个小区,然后,我就去找他了,然后,我们成为了现实中很要好的朋友,觉得很有缘分。

八年级女生:有些同学玩“cpdd”(组队),很热闹。学校一个同学的同学加我微信,问我借10块钱,然后我在想,如果我借给他钱,他会不会把我拉黑。结果真的把我拉黑了,然后,我通过同学找到他了。之前认识了网上的一个朋友,我们有很多共同的话,我把他当作特别特别好的朋友,他的表达能力特别好,也非常会安慰我,我们经常一起聊天,然后,突然有一天他删了我。之前我们聊了很多科学、文学的东西，觉得特别有共鸣。但友谊戛然而止，感觉很不好。

九年级女生1：有段时间，我心情很低落，然后同学给我发了很长的小作文，很感动，会经常翻出来看看，很鼓励我。现实中聊天，可能不大会说那么多的话，感觉说不出口，最起码不会是有小作文的长度。哪怕知道对方是敷衍自己的，也还是觉得很开心。感觉被安慰。

九年级女生2：玩游戏时有个陌生人加我好友，想加我微信，我没给，问我要QQ，我也没给。然后那个人也会说一些细思极恐的话，比如说来上海找我玩，很可怕。她一直让我拍照片给她，还说要约出来玩，我有点害怕，然后删除了好友，也不再玩那个游戏了。

高一女生1：碰到过那种来和你唠嗑，然后问你要裸照给你发红包的。我当时只有四五年级，和妈妈说了，对方就是从一个粉丝群加的我，后来我被迫退群了，当时不太开心，也不太明白。现在想想有点后怕，还好告诉了妈妈。

高一女生2：印象深刻的是和朋友聊过往经历、一些事引发的感悟。感受体验是通过网上聊天阐述了一些平时没有说出的想法，互相交流，有所受益。

高二女生：2014年遇到一个自称2002年出生的人，结果在2020年一次偶然中发现他其实是1982年出生的，感觉很刺激。

高一男生1：对方要求“面基”（线下见面），我感到激动和忐忑，但我拒绝了，因为学业和时间冲突，如今仍期待将来的“面基”。

高一男生2：被人拉黑了，感觉很愤懑，然后两周没用微信。

高二男生：遇到过一个奇怪的人，感觉很不解。人与人接触后会被对方改变，比如被“PUA”，还是要做好自己。

访谈分析：请学生讲讲自己网上聊天过程中印象深刻的一件事，以及当时的感受体验，发现学生基本围绕与陌生人聊天的感受不太良好的经历，这也是许多家长特别担心的方面。虚拟世界的匿名性（Anonymity）对于未成年人而言充满诱惑和危险，一方面，进入青春期的中学生们渴望自由、独立，虚拟世界的匿名性给我他们享受自由独立，以及刺激的充分时空；但另一方面，因为判断力较弱，容易轻信他人，也容易因对方的匿名性上当受骗。个别学生提到了在虚拟世界认识"有缘人"是一件非常神奇的事情，满足了中学生好奇的心理。也有同学提到网上聊天中给自己留下美好记忆的经历，收获现实世界中较难表达的温暖与支持。

5. 对于网上聊天，父母的态度是怎样的？如果有冲突，如何调整的？

八年级男生：他们没有什么表态，比较少干涉。

九年级男生1：家长规定了只能周末聊天。

九年级男生2：如果他们出门前看到我在网上聊天，回家后又看到我在聊天，就会觉得我一直在聊天。如果他们出门前看到我在网上聊天，回家后又看到我在写作业，就会觉得我刚开始写作业。

八年级女生：我父母说他们很开明，但私下里偷偷地翻看我的聊天记录。实际上，很多聊天记录我都删除了。

九年级女生1：父母不让我和陌生人聊天，让我要有所防范意识。父母会跟我达成共识，什么时间可以聊天。但我会翻看家长的一些群，看看他们是怎么描述我们这些孩子的。

九年级女生2：不太支持，我父母会查看我聊天的记录、几点钟点的赞、几点钟发朋友圈之类的。冲突了也没什么好的办法，就是吵架。

高一女生1：我父母建议我不要和网友见面就好了，如果是和熟人聊天，建议不要总是盯着手机。基本没有什么冲突。

高一女生2：控制在一定时间内，父母会支持的，如有冲突，会相互沟通，我会适当缩短网聊时间。

高二女生：父母不反对，但也不要过度聊天。

高一男生1：我父母不支持，我自己会注意聊天的分寸与频率。

高一男生2：我父母相对中立，觉得网上聊天占用时间，尤其不让我在写作业的时候聊天。

高二男生：父母保持中立的态度，基本没有冲突。如果有，应该会和平解决，合理沟通，建立良好的家庭环境比较重要。

访谈分析：从学生的反馈中发现，大多数父母对孩子的网上聊天保持适度限制的态度。会提出比较具体的建议，如不要跟陌生人聊天、写作业的时候不聊天、仅限周末使用等。个别家长会偷偷查看孩子的聊天记录。结合学生反馈的网上聊天经历的印象深刻的事件，家长对孩子网上聊天适度的监控非常有必要。但也要保持与孩子协商沟通的方式，建立彼此信任的关系，让孩子遇到危险的时候愿意求助父母。切忌因为偷看孩子的聊天记录等不恰当的方式，破坏了彼此的信任关系，反而可能会让孩子独自面对不可控的虚拟世界。

6. 你觉得中学生在网上聊天方面是否存在误区？如果有，你有什么建议？

八年级男生：网上聊天容易把握不好时间，建议多一些管控。最好写作业的时候就把手机放到另一个房间。

九年级男生1：觉得网上聊天的时间过得比较快，容易浪费时间。建议多一些时间的把控。

九年级男生 2:还是建议大家启用中学生模式,既可以限制时间,也可以限制我们能看到的内容。建议把聊天框的声音关掉,设置免打扰。

八年级女生:有的同学,无论什么时候给他发消息,都是秒回,我觉得这样很不好,应该要控制一下时间。

九年级女生 1:时间把控不好,容易沉浸其中。建议要主动控制时间,上交手机。

九年级女生 2:跟陌生人聊天比较容易听信陌生人的话,容易被欺骗。建议少和陌生人聊天。

高一女生 1:我感觉有些同学太重视网上聊天了,花了太多无谓的时间,建议大家还是多多和身边的人沟通交流。

高一女生 2:网上聊天容易产生好感,以为网上聊天就是网恋,但这其实只是有共同爱好的人相处的一种方式,建议同学们要用更开放的视角看待网上聊天。

高二女生:我认为存在一些误区,比如认为网上聊天比较自由,就不太注意文明用语之类的,建议大家养成习惯,无论在哪里聊天都要注意素质。

高一男生 1:有可能受骗,不应该过多暴露自己的真实信息,要注意隐私保护。

高一男生 2:我发现有些同学在网上聊天和现实中很不一样,这样是不是不太好。

高二男生:我认为存在一些误区,同学们的三观都没有成熟,容易被误导。建议与父母达成共识,文明上网,不要被他人怂恿。

访谈分析:访谈学生反馈的中学生网上聊天的误区包括:时间把握不好;容易轻信陌生人的话,容易被误导,暴露隐私;因为网上聊天比较照顾对方的情绪,容易产生好感,会被误解为网恋;忽略与身边人的交流;因网络相对自由而引发文明用语的问题;有些人会出现线上线下差异太大的现象,很奇怪,等等。

针对以上误区,提出的建议如:学习的时候将手机物理隔离;开启中学生模式,限制时间和内容;少和陌生人聊天;重视与身边的人聊天沟通;注重自己网络素养的培养,文明上网;等等。如何看待线上线下非常不一样的交流状态,学生提出了困惑和疑问,也给教育者一些启发。在中学生社会化的发展过程中,我们需要引导中学生掌握适用于线上线下的人际沟通的核心要素与原则,如真诚、尊重、理解等,以及线上线下人际沟通的注意事项,避免出现"过度分离"或"盲目统一"的情况,让中学生兼顾线上线下人际沟通的优势,合理规避弊端。

➢ 基于访谈与心理分析的教育建议

1. 中学生开始线上社交的年龄大多在小学高年级阶段,基于班级同学群交流的需要。建议家长在孩子开始网上聊天时加以引导,根据孩子实际情况,设立具体的网上聊天的规则,便于孩子遵照执行。

2. 对于网上聊天,中学生有喜欢的,也有不喜欢的。对于网上聊天与线下聊天的利弊,中学生也有许多自己的体验和感受。建议家长充分了解孩子对网上聊天的认识和感受,引导孩子充分发挥网上聊天和线下聊天的优势,规避弊端。

3. 对于目前中学生在网上聊天可能的误区,参与访谈的学生提出了一些宝贵的建议,相信也能给到家长们一些启发。但如何将这些建议落实,需要家长和孩子之间建立稳定、信任的关系。

中学生浏览短视频的访谈与心理分析

近些年，随着几大短视频平台的流行，无论男女老幼都开始迷恋各类有趣搞笑的短视频。地铁上，经常可以看到一边观看短视频，一边“傻笑”的乘客，也会看到短视频轻松治愈哭闹的孩子。而对新生事物抱有极强好奇心的中学生也成为短视频平台的忠实用户。有中学生这样描述观看短视频的体验：通过观看短小精悍的短视频，我在享受即刻放松、发呆的惬意的同时也获得了一些启发；也有人提到：其实，我也知道观看一些视频比较浪费时间，从知识、技能习得等方面看并无益处，但当下确实能令我身心放松，忘却父母的唠叨和学业压力……

国内学者对短视频平台的态度则褒贬不一。王建(2019)在《短视频的传播特点及影响——以抖音App为例》中表示，中学生的价值观正在形成过程中，如果新媒体平台传播不良内容或者错误的价值观，很容易对他们带来不良影响，不利于他们健康成长。中学生难免在使用短视频平台的过程中接触不良文化，从而产生歪曲的认知，甚至是对自我的不认同。短视频对中学生的发展会产生怎样的影响，我们通过访谈，一起来了解孩子们浏览短视频的心理状态。

➢ 中学生浏览短视频的现状

短视频作为新兴互联网娱乐服务，已经成为未成年网民第三大网络娱乐活动，仅次于网络音乐和网络游戏。《2020年全国未成年人互联网使用情况研究报告》显示：2020 年未成年网民在互联网上经常收看短视频的比例达到 49.3%，较 2019 年(46.2%)提升 3.1 个百分点。其中，小学生网民收看比例达到 38.8%，初中和高中生网民分别为 59.7%和 60.2%，中等职业教育学生网民占比最高，达到 67.0%。10.6%的未成年网民在工作日收看短视频超过 2 小时；在节假日该比例则提升至 19.0%。绝大多数中学生使用喜好多集中于追逐流行信息、社交与释放情绪方面。

➢ 访谈及分析

为了解中学生浏览短视频的心理状态，我们邀请了十一位中学生进行了相关内容的访谈。其中，七年级两位男生，一位女生；八年级一位男生，一位女生；高一年级两位男生，三位女生；高二年级一位女生。这十一位同学是自我推荐参加该访谈，在浏览短视频方面有一定的体验和想法。

1. 还记得你第一次看短视频是几岁吗？当时是在什么情境之下？你会迷恋刷短视频吗？每天大概刷多少时间？

七年级男生 1：我第一次刷短视频是三年级末的暑假，我去同学家玩，看到同学下载了抖音 App，里面有很多有意思的小视频，看着很有意思，就下载了。从四年级下学期开始频繁刷短视频。每天大概刷 30 分钟，写好作业就玩一会。

七年级男生 2：六年级，当时听说它上面有小游戏可以玩，父母亲也在看，就去看了。六年级的寒假开始频繁刷短视频，每天 30 分钟左右。

八年级男生：六年级第一次看视频。当时是我妈在看，我就看了。周末每天 10 分钟，平时不看短视频的。

七年级女生：二年级开始刷短视频，是经过一个小学同学的推荐。四年级的时候开始频繁刷短视频，平均每天 1.5 小时，周末 7—8 小时，寒暑假全天。

八年级女生：我是二年级末的暑假开始刷短视频，在应用商店里看到了就下载了。后来就越刷越停不下来，工作日大概每天 2 小时，周末每天 3 小时，寒暑假是每天 5 小时，边做作业边刷。

高一年级女生 1：大概 13 岁的时候，周围的同学都在刷短视频，然后被推荐去看短视频，但我不迷恋。假期里，每天刷 2—3 小时短视频，平时很少看。

高一年级女生 2：应该是 10 周岁后开始看短视频，当时在手机上无意中看到的，觉得很有趣。我好像不太迷恋刷短视频。刷视频的时间说不好，假期里有时候刷。

高一年级女生 3：大概 14 岁时，看见妈妈因工作浏览，然后自己也看了。我不怎么刷短视频，基本不看。

高一年级男生 1：大概 14 岁的时候，因为周围同学经常聊这部分内容。暑假里刷得比较多，每天大概 3 小时。

高一年级男生 2：大概 13 岁，当时写完作业很无聊，就看手机视频。每天大概 10 分钟。

高二年级女生：大概 16 岁的时候，是好奇心驱使下看短视频的。我不迷恋短视频，现在基本不看。

（注：笔者对访谈中学生提到的各类短视频平台没有任何宣传、评价等的意图。）

访谈分析：2016 年被称作短视频制作的元年，抖音便诞生于这一年。早在 2018 年 12 月，抖音国内日活用户便早已突破 2.5

亿。接受访谈的中学生中,接触短视频大多开始于小学高年级,或者初中阶段,多因身边同伴推荐或者父母的影响。周末或者寒暑假刷短视频的时长较长,有些孩子边写作业边刷短视频,也有些孩子是因为无聊刷短视频。同伴推荐刷短视频也是另一种线上社交,通过这样的互动,大家交流共同的短视频内容。孩子会因父母的影响开始刷短视频这一现象提醒家长注重在孩子面前树立榜样,在亲子相处中,尽量放下手机,走近孩子,多些现实的交流、沟通。

2. 目前,让你印象深刻的短视频是什么内容,给你的感受是怎样的? 你觉得短视频吸引人的原因有哪些?

七年级男生1:我喜欢刷的短视频是虎牙(弹幕式互动直播平台)、KPL(王者荣耀职业联赛),主要的感受是刺激。吸引人的原因我觉得是短视频的内容比较时尚,并且丰富多彩,符合年轻人的爱好。

七年级男生2:KPL(王者荣耀职业联赛)之类的剪辑。感受为:厉害,太秀了,太刺激了。吸引人的原因是它很好地抢占了人们零碎的时间,久而久之,大家歇下来就想刷短视频,内容也符合年轻人的口味。

八年级男生:球鞋推荐,可以了解很多知识。吸引人的原因是概括能力强,可以在很短的时间了解很多知识。

七年级女生:vlog(视频博客)文案,歌好听,适合用来打发时间。吸引人的原因是歌好听,时间短,符合年轻人的感受。

八年级女生:文案、vlog日常、搞笑、放松、提神、好玩的视频。吸引人的原因是满足我不同情况下的心情,反正心情不好了看看短视频就开心了。也可以根据自己的心情随意切换想看的内容,应有尽有。

高一年级女生1：印象深刻的视频是博主“无穷小亮的科普日常”的生物鉴定视频，作者很有趣也很博学。吸引人的原因是适应人类社会快节奏生活，可促进大脑分泌多巴胺，内容丰富有趣。

高一年级女生2：印象深刻的是一些奇怪的视频，越新奇越好，但优质的内容很少。吸引人的原因是大家都有从众心理，碎片化时间多，娱乐方式单一。

高一年级女生3：影视作品剪辑、科学小实验、动物行为记录等的视频，觉得有趣但也很无聊。吸引人的原因是它可以用来消磨碎片化的时间。

高一年级男生1：相关游戏的视频，但看过之后又觉得很空虚。吸引人的原因是内容很有趣，每个都很短，让人很容易就刷下去。

高一年级男生2：“人类高能集锦”，很放松。吸引人的原因是能在短时间内调动人的情绪，并鼓励他们继续看下一个，以获得同样的刺激。

高二年级女生：天安门广场五星红旗升起时的视频，让我感到敬佩、尊重，甚至热泪盈眶。

访谈分析：从访谈的内容来看，中学生印象深刻的短视频内容为网络游戏直播、精彩文案、科普知识、搞笑集锦、吸引人眼球的奇怪视频等，总体感受包括刺激、搞笑、开心、放松、无聊空虚等。短视频吸引人的原因包括：内容时尚、丰富、符合年轻人的心理；简短，抢占零碎时间，适合快节奏的社会；让人在短时间内获得积极的体验；高度概括，普及相关知识，等等。短视频带给中学生愉悦、休闲、丰富的知识等的同时，也可能引发过度沉溺、易接触不良信息、网络安全受到威胁等问题。

3. 你身边的老师、同学们如何评论刷短视频这个现象?父母支持你刷短视频吗?

七年级男生1:老师会认为现在的我们拥有手机就会不自觉地玩游戏、看小视频,并且停不下来。我父母比较支持我,可能主要是我都是写好校内作业和自主练习的作业之后才会刷短视频,父母会让我消遣消遣。

七年级男生2:班主任不是很支持。同学们的说法不太一样,有的说好,有的说不好。父母支持,就是老是来打扰我。同时,如果我成绩下降了,他们肯定不会再支持我刷视频。

八年级男生:身边的老师和同学有的支持,有的不支持。父母比较支持,但必须是完成作业之后。

七年级女生:老师让我少刷,同学经常交流一些短视频中很火的东西。妈妈不支持,爸爸支持,他们两个经常因为这个问题吵架。

八年级女生:父母半支持半反对,他们会用我不喜欢的方式将手机没收,我自己控制不住。

高一年级女生1:大家觉得短视频虽然有许多有趣的内容,但质量在逐渐变差。父母在一定程度上支持,但我有时候沉浸其中,没能按时完成学习任务。

高一年级女生2:老师肯定让同学们少刷短视频,父母也是。

高一年级女生3:老师和同学们的评论呈现两极化,有高度赞扬的,也有极度否定的。父母不支持也不反对。

高一年级男生1:老师和同学们半赞同半反对。父母不支持,觉得很浪费时间。

高一年级男生2：老师和同学们建议适度刷，不要花太多时间。父母完全不支持。

高二年级女生：刷短视频可以让人们身心放松，但是也有可能使人们沉迷于此，一言以蔽之，有好有坏。父母比较支持我刷短视频，但要求我适可而止，不能影响学习。

访谈分析：身边的老师和同学对短视频内容褒贬不一，对观看短视频都建议适可而止。家长的支持只在于不影响正常学业的前提下。短视频对中学生的影响除了挤占学习的时间、精力之外，也会影响到他们正常的运动、人际沟通、人生价值观、审美价值观等，如各类“网红”对中学生未来职业观的影响，良莠不齐的短视频诱导中学生对事物的追求偏向低俗化、娱乐化，等等。家长需要全面了解孩子浏览的短视频的内容，做好必要的引导；也建议中学生在通过短视频放松的同时，多走进艺术馆、博物馆，多阅读经典名著，用经历过时代考验的文化、审美丰富个人的心灵。

4. 你觉得中学生在迷恋刷短视频方面是否存在误区？如果有，你有什么建议？

七年级男生1：还是有很多同学迷恋刷短视频，我觉得可以增加人脸识别，经常提醒同学们。

七年级男生2：有一部分同学刷得时间太长了，并且有些短视频内容不健康。建议设置一些未成年人的限制措施。

八年级男生：有些男生会在短视频中刷一些不健康的内容，平台可以设置人脸识别，以防冒名认证。

七年级女生：存在。比如短视频中的内容鱼龙混杂，未成年人可能无法鉴别。建议对短视频也要有时间和内容的限制或者分级。

八年级女生：存在。有些同学迷恋转发短视频。建议不要自己觉得好玩就忍不住转发，有时候会打扰到别人。

高一年级女生1：我觉得有些人花了太多的时间刷短视频，建议仅仅作为消遣，可以规定每周定时（比如周日19:00—20:00），防沉迷。

高一年级女生2：存在误区。短视频优质内容不多，但中学生缺乏思辨精神容易迷恋。（其实我也不思辨。）

高一年级女生3：存在误区，比如刷一个短视频之后，一发不可收拾，进而浪费大量时间。部分视频内容低俗，是对眼和脑的摧残。建议设定浏览时间的提醒，从内容方面，对视频推送选择进行一定的设置。

高一年级男生1：主要的误区就是不知不觉地花很多时间刷短视频，建议设置一些提醒，否则容易沉迷。沉迷之后又后悔、愧疚，久而久之就会空虚、抑郁。

高一年级男生2：存在误区的。这些视频与自己生活无关，只是让你在一段时间内得到快乐，但对生活无任何意义。

高二年级女生：有误区。中学生迷恋短视频的内容大多都是娱乐导向的，没有干货。多看了容易导致中学生没思想没内涵，建议少看。

访谈分析：访谈的中学生中，部分初中的学生在周末或寒暑假花了较多的时间沉迷短视频，但也觉得如此状态是走进了误区，主要体现在刷短视频的时间和内容两方面。短视频因为短小、搞笑，再加上现代智能电子产品采用的“无底碗”的滑屏技术，很容易让中学生沉浸其中，忘了时间，明知道花了太多的时间，但依然控制不住刷下去。内容方面，学生们提到许多短视频充斥着不健康的、过度娱乐化的内容，缺少文化内涵，沉迷于此会让人思想空洞、空虚抑郁，丧失对生活的追求，价值导向扭曲。

➢ 基于访谈与心理分析的教育建议

1. 中学生开始刷短视频多基于身边人如同学、家长的影响，家长需要做好示范，也需要引导孩子闲暇时间与同学互动时，多一些面对面的交流沟通，避免聚在一起刷短视频。

2. 中学生认为短视频吸引人的原因在于短小精悍，在极短的时间内让人获得积极的情绪体验。也正因为如此，中学生会比较依赖于“快餐”式的内容，就好比一些零食，以其诱人的味道短时间内捕获人的味蕾，但与此同时，也弱化了人们对正餐的良好体验。久而久之，人们则会越来越依赖更为诱人的“快餐”，提高了对日常快乐的感受阈限。建议中学生理性识别短视频的弊端，在学习的关键期，减少对短视频的时间投入，多一些经典阅读，多接触、体验传统文化。也建议家长在以上方面对孩子多一些引导，创设机会，带领孩子体验“经典永流传”的魅力。

3. 中学生喜欢刷短视频，也有一部分原因在于短视频呈现的智能设计。家长需要引导孩子认识到其背后的智能设计与经济效益，帮助孩子识别智能陷阱，通过制定规则、过程督促等方式，减少孩子对短视频的时间投入。

中学生家长访谈与分析

亲子关系状态是中学生能否健康使用电子产品的重要影响因

素。不同类型的家庭教养方式对高中生手机依赖有直接影响，专制型、溺爱型、忽视型教养方式诱发高中生手机依赖，信任鼓励型、情感温暖型教养方式的家庭保护孩子避免手机依赖（叶冬娇，2021）。在冲突高的亲子关系下，个体感受到更多来自父母的情感忽视，这也因此造成中学生内向、排斥社会交往、同伴关系不太融洽，导致更多网络游戏成瘾的可能（石晓辉，2020）。父母冲突易导致中学生手机成瘾。经常发生言语或身体攻击的父母会产生各种消极情绪和行为，没有足够的心理能量关注孩子的需求。孩子可能通过手机逃避现实，也可能因为缺乏心理能量难以控制手机使用，于是更容易产生手机成瘾（丁倩等，2022）。

为更好地了解家长对孩子使用电子产品的想法，我们邀请了六位家长开展了相关内容的访谈。三位妈妈，三位爸爸，其中四位是初中生家长，两位是高中生家长，他们的孩子均为参加过课题组调研的学生。

➤ 家长访谈

1. 您觉得中学生过度使用电子产品的表现有哪些？

妈妈 1：机不离手，无心学习，性格上变得沉默寡言，情绪波动不定。视力逐渐下降，甚至会脊柱弯曲。

妈妈 2：沉迷在电子产品里，不关心日常生活中的事情或者比较喜欢宅在家里。

妈妈 3：精神不集中，容易焦虑、暴怒。

爸爸 1：学习精力不集中，成绩下降，然后更易沉迷网络。

爸爸 2：常常想要拿手机，心思不定。经常不按照约定的时间使用，要么延长时间，要么拒绝上交手机。

爸爸3：作业（含自主作业）没有完成的情况下用手机查看娱乐性资讯，或者作业完成就以为万事大吉，无度使用手机。

访谈分析：家长认为中学生过度使用电子产品的表现主要有：生理上的影响，如脊椎、视力方面的影响等，无心学习，人际交往受限，更多沉浸在虚拟世界，情绪易焦虑、暴怒，等等。过度使用电子产品严重干扰了孩子正常的社会功能，诱发了情绪问题、人际交往问题。对于尚在生理发育、心理发展、学业提升的中学生，过度依赖电子产品必然给孩子带来较为全面且严重的负面影响。此外，还进一步加剧父母的养育焦虑，恶化亲子关系。如何引导孩子健康合理的使用电子产品成为所有父母关心的重要话题。

2. 您觉得现在许多中学生过度使用电子产品的可能原因有哪些？

妈妈1：父母长时间缺少与孩子的相处和沟通。他们在网络游戏中找到现实中没有的成就感。

妈妈2：孤单、寂寞，生活不够丰富多彩。同龄的孩子之间的交流比较少。

妈妈3：家长放纵，同学影响，自我控制能力差。

爸爸1：游戏、网页、视频都极具诱惑力，挑战孩子们的自控力。

爸爸2：由于线上提交作业，有了拿手机的借口，与同学联系和打游戏。

爸爸3：从小养成习惯了（很多线上课之类的），周围同学的影响，家长的榜样作用，网络内容的包罗万象（总能吻合个人的爱好），学业受挫而心理不足够强，过于自负而满足于现状而处于一种无聊状态,用手机来打发无聊的时间。

访谈分析:家长分析的中学生过度使用电子产品的原因大致包括:家庭因素,如亲子沟通较少、管教不严格、家长的失范等,个体因素,如自控力差、心理韧性不够、无聊空虚、心理补偿、情绪调节等,同伴因素,如同伴交往需要、同伴不良影响等,虚拟世界吸引力强等,与许多相关研究结论相符。如《青少年网络游戏成瘾的研究现状与展望》(奚婉、胡玉正,2022)分析中学生网络游戏成瘾的因素包括环境因素,如家庭、学校、同伴;个体因素,如冲动性、自我控制、攻击性情绪调节、压力应对等。

3. 如果您的孩子过度依赖电子产品,您一般如何处理?

妈妈 1:抽出更多的时间与孩子相处,多多关心孩子的想法,多方面地去理解他,陪他们阅读、休闲放松。让孩子不再把精力放在电子产品里。

妈妈 2:有时候会和他讲规则或者对于发生的事情进行冷处理。

妈妈 3:逐步限制孩子使用手机的时间。多鼓励孩子去运动或者进行其他活动。家长以身作则少使用手机。

爸爸 1:直接阻止,不能指望孩子自觉自律。

爸爸 2:约定好,非必要的情况将手机交给父母保管。固定的某个时间段查询资料、与同学联系等。

爸爸 3:带头限制使用手机,管理好自己手机,不时查看孩子是否在使用手机,或监督他手机使用的内容(我自己的手机我会监督内容,或者通过查看流量使用情况来了解)。

访谈分析:如何引导孩子健康合理的使用电子产品是许多家长共同的困惑。访谈中的家长分享了如下做法:家长以身作则、榜样示范，多一些亲子陪伴，让孩子减少对电子产品的依赖，规则设定，包括具体使用的时长、内容、场所等，协商沟通，鼓励孩子户外运动等。蒋佩（2022）在《手机上瘾的消解——从家庭系统的视角理解个案中的青少年》一文中，分享了如上做法，并取得较好的成效。"直接阻止"做法的有效性有待商榷。在接触的案例中，有不少家长开始采取的措施是"直接阻止"，但对于处在叛逆期的中学生往往会引发更激烈的冲突、更"报复"式的过度使用。

4. 关于孩子使用电子产品，您目前还存在哪些方面的困惑？

妈妈1：想了解孩子们的想法，了解他们试图通过使用电子产品获得什么样的体验。

妈妈2：不论是讲规则还是冷处理，孩子总是能给自己找到理由或者借口来满足他自己的愿望。觉得现在沟通时说的话他们没有像以前一样听得进去，有种无力感。

妈妈3：在孩子目前所处的成长阶段，如何给孩子设置合理的电子产品使用时间。

爸爸1：学校偶尔布置作业需要用到手机。

爸爸2：信息爆炸的时代，如何有效引导，让他们不接触不适合中学生的网页、App？

爸爸3：以我女儿为例分析。她对手机产生了依赖，对过度使用手机的危害认识不够（或者是自律、意志力不够，导致难以摆脱其依赖），而亲子关系维护不佳导致疏导难以奏效。不知道如何突破这个困境。

访谈分析：从方法到实践，家长们还是有许多的困惑。一定程度上，孩子的电子产品使用问题需要家长强有力的管理，但对于处在青春期的孩子而言，家长的管理相当有挑战。如孩子不再像以前跟家长有亲密无间的交流，家长很难打开孩子的心扉，不能了解孩子心里的想法，自然就很难开展有效的教育。从小建立电子产品使用的规则意识与维护和谐的亲子关系，显得弥足珍贵。再有，从技术层面，如何设置时间、屏蔽不适宜的网页内容、App，也是家长们需要学习的网络技术。另外，学校方面，减少学生电子产品使用的频率和必要性，加强电子产品使用的信息素养培养也是必要的。

5. 对于中学生的电子产品使用问题，您有什么建议，或者呼吁吗？

妈妈1：每天尽量规定使用电子产品的时间，课余时间可以让孩子们参加感兴趣的活动，与孩子多沟通多包容。

妈妈2：希望学校多组织一些体育类或者课外拓展类的活动，安排一些男孩子的心理建设课程，以帮助他们树立正确的人生观和价值观。

妈妈3：现在整个社会大家几乎都是手机不离身。希望我们所有的大人能自己反省，少使用电子产品，多和小孩一起做一些有意义的活动。

爸爸1：学校布置作业应在课堂上完成，尽量少采用线上提交的方式。国家对网络游戏内容、视频网站内容需要加强优化，设置青少年模式，保障青少年接触到适宜的网络环境。

爸爸2：作业尽量不要线上提交并批改，需要线上提交的，固定时间段由父母提交。立法规定18周岁以下青少年使用的手机只开放电话、短信功能。

爸爸3：(1)从小养成正确使用电子产品的习惯，线上活动也要节制；(2)家长要做好榜样作用；(3)亲子关系要维护好，劝导才能起作用，我在这个方面应该处理得很差，耐心不够，方法不佳，时机太晚；(4)我感觉到这个不是一个孤立的问题，中学生的心智、心态，周围环境都会影响到他们对待电子产品的态度。

访谈分析：家长们呼吁家庭教育中重视亲子陪伴、树立规则，建设好亲子关系；学校减少不必要的电子产品使用，多开设相关的课程，培养孩子们积极健康的人生观、价值观；全社会在顺应信息技术发展的同时，也要关注中学生的全面发展，尤其要重视健康的数字环境的建设。当然，进一步加强关于未成年人合理使用电子产品的立法，也是非常必要的。

➢ 基于访谈与心理分析的教育建议

1. 导致孩子过度使用手机的因素复杂，有家庭因素、个体因素，也有同伴因素、电子产品本身特点的因素等。家长需要在日常的亲子相处中，从细节着手，关注孩子多方面的成长需求，如孩子的同伴关系怎样、学习的积极性如何，并创设机会或者平台帮助孩子适当满足成长需求。

2. 家长对孩子使用电子产品的情况多呈现担忧、无奈、无力的状态。中学生处在挑战家庭教育的青春期阶段，加之引导孩子健康使用电子产品本就是一道教育难题，许多家长对此深感无助。有家长提到亲子关系是劝导孩子的重要基础，笔者非常认同。健康的亲子关系是开展教育引导的必要基础，尊重、理解、平等沟通是处理孩子过度使用电子产品需要具备的积极态度。

3. 信息时代，孩子使用电子产品将逐渐成为必然。家长不可能再采用完全制止的方式，但怎样疏堵结合，既保障孩子不与社会脱节，又能合理使用电子产品，确实是难题。建议家长保持开放的态度，随着孩子年龄的增长，带着孩子一起使用电子产品。例如，引导孩子了解哪些内容是适宜的，哪些设置是保护我们不受不良内容的影响的，也可以带着孩子辨别网络信息的真真假假。每过二十分钟或者半小时，暂停使用电子产品，以保护视力，避免过度卷入，等等。手把手带着孩子进入网络环境，学着甄别、判断，逐步培养孩子的信息素养。

第四章

积极心理学的实践运用

预防与干预中学生过度使用电子产品的思路与方法有许多种，如认知疗法、行为疗法、家庭干预疗法等，各自有其优势与弊端。课题组在研究中，选用积极心理学理念为指导，围绕积极心理学的基本内容，开展诸如个案辅导、活动课、团体辅导、家庭教育指导等多种形式的探索，取得较好的成效。

积极心理学概述

美国积极心理学之父马丁·塞利格曼于1998年发起了一场积极心理学运动，倡导心理学在了解各种心理疾病机理的同时，也要了解人的积极品质和积极力量的心理机制，注重培养与挖掘个体的积极力量。

➢ 积极心理学产生的背景

心理学自诞生以来，肩负三大使命，使命一，帮助人们解决一些困扰自身生活的各种心理问题，如抑郁症、焦虑症等；使命二，从人们的各种积极力量和积极品质入手，使人类生活更加丰富充实、富有意义；使命三，鉴别并培养有天赋的人。但“二战”以后，由于战争催生了很多心理问题，心理学界更多关注人类问题的解决与补救，弱化了它的后两项使命，成为一门治疗心理疾病的科学，而对人类积极的发展因素未予重视，这致使传统主流心理学被认为是病理心理学、消极心理学。

实际上，有心理问题的人毕竟是少数群体，大部分人是正常人。心理学将重心放在解决心理问题方面，即把大多数正常人排除在心理学的关怀范围之外。同时，人的心理有三种形态：问题状态、“0 状态”和健康状态，没有疾病最多只能算作是处于“0 状态”，而“0 状态”肯定不是严格意义上的健康状态。所谓心理健康，是指个体能不断地追求幸福，并能体验到这种幸福，同时又能使自己的能力和潜力得到充分发挥。即便那些患有最严重的心理疾病的人，也不只是要求减轻痛苦，他们需要更多的满意、愉悦与快乐，需要一种建构力量，需要一种有意义、有目的的生活，而这些并不会因为痛苦的减轻就会自动产生。

正如塞利格曼所言：“当一个国家或民族被饥饿和战争所困扰的时候，社会科学和心理学的任务主要是抵御和治疗创伤。但在没有社会混乱的和平时期，致力于使人们生活得更美好则成为他们的主要使命。”基于心理学的这种现状，塞利格曼提出了建立积极心理学的建议，并且将其付诸实践。

➢ 积极心理学的基本内容

定义

积极心理学是一种以积极品质和积极力量为研究核心，致力于使个体和社会走向繁荣的科学研究。积极心理学的研究重点放在人自身的积极品质和力量方面，主张心理学要以人固有的、实际的、潜在的具有建设性的力量、美德和善端为出发点。提倡用一种积极的心态来对人的许多心理现象（包括心理问题）做出新的解读，从而激发人自身内在的积极力量和优秀品质，并利用这些积极力量和优秀品质来帮助普通人或具有一定天赋的人最大限度地挖掘自己的潜力而获得幸福。

研究内容

1. 一个中心"幸福"。积极心理学以研究人的幸福为中心，提出了幸福的三个要素：乐趣、参与和意义，也即实现幸福的路径。有自己的兴趣爱好，从中感受到积极的情绪体验；愿意投入到生活、学习、工作中，发挥自我的力量，收获成就、感受价值与意义。

2. 三个基本点：（1）积极的情绪体验。对过去满意，对未来充满希望，快乐幸福地接纳现在。主观幸福感、爱、满意感、福乐感、乐观和期望等成为积极心理学的研究热点。对于积极情绪，心理学家芭芭拉·弗雷德里克森（2001）在《积极情绪的力量》提出"扩展和建构理论"，认为积极的情绪体验激发个体的积极认知与积极行为，积极情绪有助于消除消极情绪。

（2）积极的人格特质，指个体由积极品质和积极力量所组成的那部分人格结构，主要是由智慧、勇气、仁爱、公正、节制、卓越6大美德和24项积极品质组成。

（3）积极的社会组织系统。个体获得积极情绪体验的直接来源之一是积极的社会环境，同时，积极的社会环境也为个体构建积极的人格提供了保障。国家、工作单位、家庭、学校、班级等都是重要的组织系统。

➢ 积极心理学对心理治疗和心理预防的看法

1. 积极心理学认为，保持心理健康的重点在于预防，而不是治疗。在预防工作中，重点不是修正缺陷，而是培养、塑造个体的积极品质与能力。通过挖掘处在困境中人的自身的积极力量，如勇气、乐观、信仰、希望、诚实、毅力、洞察力等，就可以有效预防心理疾病，相反，单纯地关注人身上的弱点、缺点和不足不能产生有效的预防效果。预防的重心在于确定如何培养以及培养哪些积极品质，能帮助人远离心理问题。例如，要预防中学生过度沉迷网络游戏，可以创设平台和机会，让其在现实生活中获得成就感，发展良好的人际关系，有机会充分的运动等，可以发挥较好的预防效果。

2. 积极心理学认为，心理治疗的核心是帮助个体在不良心理状态下发挥正常的心理功能。假如一个个体患上了抑郁症，那心理治疗的重点在于帮助这个个体怎样在抑郁的状态下能正常地生活、正常地工作、正常地认知、正常地交往，而不是把精力花在怎样帮助这个个体消除抑郁症状。如林肯和丘吉尔都是有相当程度的抑郁症患者，但他们所做的贡献是世人皆知的，也就是说抑郁症并没有影响他们的伟大和成功。这个现象告诉我们，人类可以有效地应对自身的不良心理状态，并使自己处在这种状态时仍能很好地表现自己。

➢ 为什么选择积极心理学视角？

电子产品使用本身是顺应时代发展的必然趋势。对于中学生而言，尚未成熟的自控力与智能电子产品的诱惑形成明显的矛盾冲突，电子产品犹如一把“双刃剑”，需要他们学会合理使用，而不是盲目地沉迷或是拒绝。同时，中学生迷恋电子产品成为一种普遍的现象，但达到“成瘾”状态的个体仅有少部分，更多的个体是需要引导其健康合理使用。

在引导中学生预防过度使用电子产品的问题上，积极心理学认为，单纯关注个体身上的弱点和缺陷不能产生持久有效的效果，不要从改变导致中学生沉迷电子产品的心理特点入手，更好的办法是增强能够使他们克服过度使用电子产品的积极的、正面的品质，弄清如何培养中学生身上的这些积极力量。

积极心理学以发展的视角，注重中学生积极品质的培养、积极力量的激发，在顺应信息时代发展的同时，引导中学生健康合理使用电子产品，抵御“智能诱惑”。由此，积极心理学视角是更适合教育者用来应对中学生健康使用电子产品问题的选择。

基本的操作思路如下，具体操作方案见后续章节内容。

1. 丰富中学生在现实生活中的积极情绪体验，削弱电子产品对其的诱惑力。

2. 培养积极的人格特质，增加中学生健康合理使用电子产品的心理资源。

3. 建立积极的社会支持系统，拓展中学生的心理支持途径，提升其健康合理使用电子产品的调控能力。

丰富中学生积极的情绪体验

积极情绪体验激发积极的行为，比如高兴、兴趣满足、自豪和爱等，可以激发个体的认知和行动能力，构建和增强人的体力、智力、社会协调性等资源。丰富中学生在现实生活中的积极的情绪体验，可以削弱电子产品对其的诱惑力，增加中学生健康合理使用电子产品的心理资源。

➢ 典型案例

以六年级学生小铭为例，他在小学阶段学业成绩优异，升入初中后，经过一学期的努力，学业成绩始终处于班级中下游水平，为此，他感到很失落，也很无奈。一次偶然的机会，他接触到“第X人格”游戏后深陷其中，无法自拔。在与笔者交流过程中，小铭说："在网络游戏中，我只要努力拼搏，就会很快升级，很有成就感。但在学习方面，无论怎么努力，成绩就是不理想，回不到小学时的状态，觉得努力了也没用。我只有在网络中，才能感觉到自己还是很不错的。"

从小学到初中，小铭的学业成绩发生了明显的变化，之前在班级排在前列，但到了初中，只能排在中下游，内心难免失落。起初，也会努力拼搏，希望尽快提升成绩，回到小学时的学习状态，但无奈一学期的努力并没有明显的成效。于是，小铭在学习方面出现了典型的无助感，即对自己要完成的事情显得无可奈何，失去了行动的动力，久而久之，只能选择放弃努力。

美国宾夕法尼亚大学心理学教授塞利格曼认为，生活中有些人的无助感并不意味着他们真的无助，而是因为当前情境导致了他们主观上的不努力而造成的，是学习的结果，这种无助感会严重影响个体的身心健康。在一系列实验的基础上，塞利格曼提出“习得性无助”这一概念，就是指个体在经历过多次挫折或失败后所形成的无可奈何的绝望感，在学习中产生的习得性无助现象类似于平时所说的“破罐子破摔”，是一种放弃任何努力、完全听之任之的无助状态。这一概念的关键并不在于绝望感或无助感，而是在于“习得”二字。这里的无助感并非是天生的，而是后天习得的。

在现实生活中，那些在学习上长期经历失败的学生常常会出现“习得性无助”的特征：经过一次又一次的努力，成绩仍然不理想，他就会觉得自己努力了也没用，自己控制不了学习这件事儿。于是，他的精神支柱可能就会瓦解，斗志也随之丧失。最终就会放弃所有努力，真的陷入绝望。因“习得性无助”而产生的绝望、抑郁和意志消沉，是许多心理和行为问题产生的根源。

与此同时，设计网络游戏的人则非常了解中学生心理需求。曾经有游戏从业者这样描述网络游戏给予中学生成长的必需品：目标、荣耀、互动、惊喜。在游戏中，不断有一些小目标需要孩子们去挑战，挑战成功，就会给你一个大大的奖杯，然后升级，再挑战，再升级，奖励漂亮的皮肤……通过自己的努力，取得哪怕再小的成就，都值得欢呼，激发孩子内心的成就感、价值感。像小铭这样的孩子，在现实生活中往往缺乏成就感、价值感、存在感等积极的情绪体验，转而在虚拟世界中寻求寄托。为了帮助这类中学生，需要引导他们积极投入现实生活，增强他们在现实生活中的积极情绪体验，转化习得性无助的心理。

➢ 方法策略

根据积极情绪的扩展—建构理论，积极情绪能通过扩展个体即时的思想或行为资源（即心理资源），并在此基础上帮助个体建立起持久的个人发展资源——包括身体资源、智力资源和社会性资源等，从而使个体随后的行为变得更有建设性和创造性。也就是说，激发个体积极情绪能够增加个体原有的心理资源，当个体的心理资源比较充足时，个体就会在随后的行为、认知等方面表现得更好。

当中学生保有积极的情绪状态时，便能够更理智、更合理地使用电子产品，正如前期问卷数据显示绝大多数学生能够认识到过度使用电子产品的危害，也意识到父母和老师对自己的监督有助于预防过度使用电子产品。同时，个体拥有积极的情绪体验有助于缓解消极情绪，更有助于实现知行合一。为了帮助中学生在现实世界中获得积极情绪体验，可采取以下方法与策略。

1. 识别过度使用背后的正面诉求，发掘其积极情绪体验的触发点。以手机使用为例，中学生玩手机的好处是什么呢？要满足的需求有哪些？学生们罗列如下：

◇ 玩手机让我可以缓解学习带来的压力（缓解学习压力）；

◇ 玩手机让我感觉自己在游戏非常有成就感（获得成就感）；

◇ 玩手机让我有朋友，不孤独，感受到被欢迎（有朋友）；

◇ 玩手机让我能享受自由，清静地待在自己的世界里，想干啥就干啥（渴望自由）；

◇ 玩手机让我可以快速得到答案，更高效（高效学习）；

◇ 玩手机让家长觉得我有病，这样我就不用被学习“卷”了（回避学习）。

……

行为与需求之间的关系：任何行为背后都对应着行为发起者

内心的需求，行为是多样性的，需求往往是聚焦性的。行为有积极的和消极的，需求却总是积极的。例如，孩子过度依赖手机是个不好的行为，但他渴望朋友的需求是积极的。如果我们头痛医头、脚痛医脚，学生迷恋网络，我们断网，学生的需求无法满足，可能会偷偷上网，晚上躲在被子里用流量上网。如果我们尝试压制、回避学生对电子产品的心理需求，只能过量消耗他们的心理资源，导致其无法上网，也无心学习。

再看看我们身边那些过度使用电子产品的中学生，大多会出现如下现实问题，如成绩不佳、人际交往困难、亲子沟通不畅、家庭变故，等等。他们过度使用电子产品是希望获得的自由？是游戏挑战后的成就感？是与陌生人倾诉的感觉？还是渴望爱？……这些都值得思考。网络自身的特点很容易与中学生的需求一拍即合，在网络世界，他们可以轻松地获得积极的情绪体验。

因此，我们不妨与他们建立平等、信任的关系，去全面了解他们的困惑与需求，当我们以"帮助者"的身份陪伴在其身边时，他们也会放下"自我防御"的盔甲，尝试打开心扉。也建议家长、老师抽空多和孩子闲聊，不带目的地闲聊，聊着聊着，孩子就会打开心扉，暴露自己的需求。

2. 了解、倾听，探索满足需求的多种方式，激发积极的情绪体验。需求获得满足，个体就会拥有积极的情绪体验，即能增加心理资源，释放力量；不被满足，就可能通过各种行为寻求满足。针对青春期的孩子，需要我们学习去倾听他们的声音，看到玩手机背后的需求，和他们一起去寻找健康的、可以满足需求的积极行为来替换玩手机这个行为。需求得到满足的学生会更容易放下手机。

例如，针对"玩手机让我有朋友，不孤独，感受到被欢迎"这个回答。我们跟学生一起探索：除了玩手机，还有什么方法可以帮助你获得友谊呢？

比如：

◇ 主动参加社团活动；

◇ 积极参加班级活动；

◇ 友善待人；

◇ 乐于助人；

◇ 多为班级做力所能及的事情。

……

家长、老师可以在现有的家庭活动、班级活动、校园活动中提供一些满足需求的机会，让学生从现实生活中获得积极情绪体验。

如针对学生希望获得成就感，一位班主任在班级的日常管理中曾经有这样的做法：除了班级的一些中队委员之外，还给每位同学安排了岗位，负责拉窗帘的是“连长”、负责放学排桌椅的是“排长”……虽然开始在大部分同学眼里觉得这些职务不大，但班主任老师反复强调在一个集体中，每个职务都是一枚螺丝钉，缺一不可，这样的重视让学生觉得自己的“付出”被认可、被器重。在自己的优势领域，每个学生都活力四射、全情投入。这种被认可的感觉让学生逐渐“习得乐观”，收获成长的心理资源，这些能量可以迁移到学习、生活的各个方面，也能让其减少对电子产品的依赖。

如学生希望获得存在感，学校大型对外展示活动，校园开放日、家长开放日等活动中，安排一些学生志愿者岗位。当这些学生有了自己的岗位，责任感、价值感就会增强，能力也得到锻炼和培养；如学校运动会设置各类志愿者岗位：摄影师、引导员、宣传员、运动员、啦啦队、后勤服务……如组织各类文化节、艺术节、体育节等活动，引导学生投入其中，活动中学生扮演不同的角色；让更多的学生都能有自己的角色和岗位，既锻炼学生的工作能力、沟通协作能力，也激发学生自我存在感与价值感。丰富多彩的实践体验活动有利于中学生锻炼自己，增进人际交往，增长见识和对生活的理解，认识完善自己，提升掌控实际生活的能力。

3. 搭建平台，激发自我效能感，满足学生成长的心理需求。在《改变心理学的 40 项研究》(Roger R. Hoch，2004)一书中有这样一个实验：阿登屋养老院实验。美国心理学家艾伦·兰格和学生朱迪斯·罗丁将养老院的老人分为实验组和对照组，实验组老人可以选择自主决定生活中的一些改变，并对自己的生活加以控制(例如，决定是否要一盆盆栽以及选择哪一盆植物，并要自己照顾植物)，控制组老人则被分发一盆盆栽并有专人负责照料。一段时间后，实验组老人明显比对照组老人感到更快乐，并更主动参与公共活动。这个实验表明：主动获得控制感，对生活多一些参与，不断获得价值感，哪怕是看着一盆花绽放，也是可以提升自我的效能感。

在家庭环境中，随着孩子年龄的增长，我们可以邀请他们主动参与家庭事务。如，寒暑假的旅游安排，请孩子做出行攻略；周末的一日三餐，请孩子适度参与，请孩子帮忙洗菜择菜，也可以教孩子做饭做菜；爸爸妈妈工作上的喜怒哀乐多在家庭里交流，让孩子了解父母工作的情况，增加孩子对家长的了解，也会激发孩子的责任感。重要的节假日，请孩子负责策划活动安排。家庭的重大决策，如房屋买卖、父母工作变动，也邀请孩子参与讨论；孩子自身的学习安排，如周末自主学习时间、课外活动班的选择等，都可以邀请孩子共同参与。在参与的过程中，强化孩子自身的角色意识、责任意识，增强自我的效能感，弱化其对在虚拟世界寻求角色参与、人际互动或者成就感的过度依赖。

4. 聚焦积极事件，激发成长能量，增强学生积极的情绪体验。 我们可以时常引导学生回忆过去的美好时光，体验当前的快乐感受，畅想未来可能发生的快乐事件，不断丰富他们的积极情绪体验。

如学期末，设计一份成长记录，请学生梳理一学期来各个方面发生的事件，例如：让你感到自豪和骄傲的事情；让你开心快乐的事情；被别人夸赞的事情；虽然困难重重，但依然坚持的事情；虽然结果并不理想，但却感觉踏实、问心无愧的事情；虽然这学期没有什么进展，但下学期依然想继续努力的事情；等等。梳理一学期发生的故事，强化、丰富学生更多的正面感受，感受自己不同方面的成长。

梳理学生的内容，有很多有趣的发现：

感到自豪骄傲的，很多同学写到冬季长跑比赛、运动会、艺术节各类比赛、班班有歌声，等等。多彩的校园活动丰富了学生成长的经历，保障了学生多样的发展。

感到开心快乐的事情，很多同学写到秋季社会实践、小队活动、参加同学生日聚会，等等，良好的同伴交往、集体活动，滋养了学生成长的幸福感，保障了学生健康的发展。

感到困难重重、没什么进展的事情，很多同学提到自己的学业成绩，哪怕是班级里成绩优良的学生，仍然觉得自己的成绩需要提升。一方面，可以感受到学生对学业成绩的重视；另一方面，也能够看到学生对自己学业一定程度上的无力感。一定的压力是成长的动力，帮助学生不断挑战自我、突破自我。但如果是长期因为压力过大而产生无力感，很可能会导致学生自我设限，产生习得性无助的心态，觉得自己再怎么努力也不会有进步。关注学生的学习压力，是家长和老师始终需要放在首位的事情。家长和老师需要弱化对孩子们的成绩的绝对化的要求，增强全面发展、多元评价的意识，让孩子们的成长经历中，多一些美好的、丰富的生活体验。

被他人夸赞的事情，很多同学写的是为别人做了一些事情，如为班级的活动制作ppt、公交车上给老人让位子、慰问孤寡老人，等等。当个人的社会价值获得认可时，个体会产生更为强烈的社会责任感和价值感。个人的合作意识与合作能力是衡量个体心理健康的重要标准。换言之，一个人爱人的能力也决定了他能感受到爱的能力。创设活动，培养学生合作的意识和能力，有助于学生的心理健康发展。

好的感受会产生积极的行为。以上这份成长记录，旨在梳理成长的故事，激发学生良好的感受。作为教育者，我们需要尝试着将更多的精力放在聚焦学生成长的优势，激发学生自我的成长动力上。

➢ 案例研讨

案例分析

让我们再回顾一下案例小铭。通过个别辅导、与家长沟通发现，经历过小升初，小铭的成绩从小学时的“优秀”变成了班级中等，内心落差很大，难免产生较大的心理压力。与此同时，家长面对孩子成绩的变化，以“学习不够努力”为由，给小铭报名了课外补习班。双重压力之下,小铭开始在网络游戏中转移自己的压力,并通过游戏获得成就感、自我效能感来弥补学习上的失落感。小铭陷入了学习无力—沉迷游戏—成绩下降—玩游戏缓解压力—成绩继续下降的恶性循环,无法自拔。玩手机、打游戏,给小铭带来了诸多良好的情绪体验,如暂时逃离学习上的无力、游戏中的成就感、个人的自由等。如果学习中,小铭也能体验到许多积极的情绪,就会投入更多的时间精力学习,而电子产品也就能更单纯地扮演休闲娱乐的工具角色。

辅导策略

鉴于以上情况,需要打破恶性循环,提高小铭的学习信心,激发学习的积极情绪体验。父母和孩子需要调整对当前成绩不理想状态的认知。小学到初中,学习内容难度提升、比较的对象发生变化,都可能导致成绩不理想,需要调整学习的策略。如何尽快调整学习状态,提升学习的信心?心理老师与班主任、任课老师联合研讨,家校之间充分沟通合作;大家决定先从以下方面入手:小铭的数学成绩较好,为小铭设置数学学习小组长的角色,请小铭帮助成绩不理想的几位同学。在小组学习活动中,小铭感受到自我的效能感、成就感,激发了自主学习的意识。爸爸和孩子约定每天开展古诗文背诵打卡活动,积累古诗文知识的同时,也增进了亲子沟通,爸爸也有了适度引导孩子合理安排游戏时间的时机。班主任作为英语学科教师,课余时间加强对小铭英语学习的指导与鼓励。周末时间,父母创造孩子与手机隔离的时空,如带孩子外出体育锻炼、参观场馆等。

效果分析

案例中的小铭经过一段时间的努力与积累,学习成绩提升,逐步实现了目标,自己很开心。小铭在探索自我在学习生活中的积极意义,促进了积极求学的情绪体验,也激发了学习的积极性与主动性,提升了学习的效能感,增强了学习的信心同时,不再一味地在游戏中寻找成就感,逐渐减弱了对网络游戏的依赖。家长反馈,即使放学回家,孩子玩游戏的时间也越来越少了,在学习方面会有更多的自主性。

没有学生不爱学习,没有学生不希望自己成绩遥遥领先,也没有学生会全心全意爱游戏、热爱电子产品无法自拔,他们只是在虚拟世界中满足现实中不能满足的需求,或者转移释放自己的压力等。家长和老师需要创设环境,让学生在现实生活中获得诸如成就感、自豪感、惊喜等积极的情绪体验,帮助其拓展心理资源,削弱电子产品对他们的诱惑力,增进学生对电子产品功能的积极认识,激发他们健康合理使用电子产品的积极行为。

培养中学生积极的人格特质

积极的人格特质有助于个体采取更为有效的应对(coping)策略,从而更好地面对生活中的各种压力情景。从积极心理的观点来看,对电子产品过度使用的预防与干预过程同时也是培养个体积极品质的过程。积极的心理品质有助于预防网络成瘾,如高成就动机可以有效预防中学生过度使用电子产品。

➢ 典型案例

当前，电子产品不仅是中学生的重要“玩具”，也是必要的学习用具。如中学生因撰写实验报告、学科论文等，必然需要使用电子产品查阅文献。但很多中学生也以此为理由花费大量时间用于格式、美化等细节方面，也有一些中学生利用没有家长老师监督的机会打游戏、看短视频或者追剧。信息时代，如何引导中学生顺应时代环境，合理发挥电子产品的学习与娱乐的功能？我们需要面向全体，结合已有研究成果，开发相关课程，培养其必要的积极人格特质。

➢ 方法策略

积极人格分类

积极人格，主要指个体由积极品质和积极力量所组成的那部分人格结构。积极心理学强调，只有人所固有的积极力量得到培育和增长，人性的消极方面才能被消除或抑制。经过多年的研究，克里斯托弗·彼得森教授和他的研究小组提出了积极人格的组成（任俊，2010）。

表 4-1　积极人格分类

六大美德	二十四种积极人格特质
一、智慧	1. 好奇和对世界感兴趣 2. 热爱学习 3. 心灵手巧、独创性和实践智能 4. 判断力、批判性思维和开放性思维 5. 社会智能、个人智能和情绪智能 6. 洞察力和大局观

（续表）

六大美德	二十四种积极人格特质
二、勇气	7. 英勇和勇敢 8. 坚持不懈、勤奋和勤勉 9. 正直、真诚和坦率
三、人道	10. 亲切和慷慨 11. 爱和被爱
四、公正	12. 公民的职责、权利和义务，忠诚和团队精神 13. 公平和公正 14. 领导力
五、节制	15. 自我控制和自我调节 16. 远见、谨慎和小心 17. 谦虚
六、卓越	18. 欣赏美与优秀 19. 感激 20. 希望、乐观和未来的胸襟 21. 精神追求、信念和信仰 22. 宽恕和宽容 23. 玩兴和幽默 24. 热情、激情、热心和精力充沛

实践路径

预防与干预中学生过度使用电子产品的过程，也是培养其积极人格特质的过程。通过实践研究，开发以下几条路径：

1. 课堂学习：各门学科课堂教学中，有意识地将积极心理品质与学习内容有机结合，加强重点学科如心理课、体育课、道法课等的学科渗透。

2. 团队活动：为学生创设团队活动的机会，通过集体完成项目，让他们感受现实生活中的团队合作，增强人际连接，提升人际交往能力。

3. 节庆活动：学校通过艺术节、科技节、心理健康活动月等节庆活动，让学生在活动中培养诸如创造力、真诚、友善、希望等积极人格特质。如让学生写感恩日记或周记，记录下每星期3个感恩的人，记录1—2件自己帮助他人的事迹，对于完成任务的同学给予奖励和表扬。

4. 课外活动：鼓励学生定期参加志愿服务，如去敬老院参加慰问孤老活动、去特殊学校陪伴自闭症孩子等，增进学生的亲社会行为，培养善良、诚实、友爱、互助等积极人格特质，提升学生的自我价值感。

5. 家庭团建活动：建议家长定期组织家庭团建活动，为亲子之间沟通交流提供机会，鼓励家长和学生真诚地表达自己的感受，营造良好的家庭氛围。过度使用电子产品的中学生往往是在虚拟世界中寻求安慰，通过网游来慰藉自己受伤的心，若他们能够在人际相处中，尤其是家庭中感受到温暖与支持，虚拟世界对他们的吸引力就会降低。

心理课范例

心理课是学校心理健康教育的重要途径，学习内容聚焦学生成长需求，活动设计生动有趣，体验为主，课堂氛围安全、民主、生动。课堂活动中，学生能够畅所欲言。因此，心理课也成为学生探讨成长话题的重要课堂。以下是一则围绕中学生电子产品使用这一话题的课例：

课例 1:“E 网心动”

【教学背景】

交往是人类社会活动的基本形式之一。互联网是当前发展人际关系的最流行的媒介。进入 21 世纪,网络因其开放性、娱乐性、新奇性和互动性等特点,对成长中的青少年有着巨大的吸引力,网络生活成为学生生活的重要组成部分。孙彩平等人(2016)的研究《全国中学生网络生活 10 年跟踪调查结果显示——网友对青少年的影响正在扩大》的调查研究显示:66.5%的中学生有经常联系的网友;11.5%的中学生对网友有中度以上的依赖,其中重度依赖的比例为 3.1%;有 32.6%的学生下网后难以忘记与网友交流的一些内容、交往时的体验;25.1%的学生每次与网友交往实际所花的时间都比原定时间长;21.4%的学生将与网友交往作为逃避问题和排遣消极情绪的一种方式,网友对部分中学生的生活产生着明显的影响。

当代初中生被称为“数字儿童”,网络媒介是其人际交往的重要途径。与此同时,随着性器官及其机能的发育成熟,中学生的性意识开始萌发,主要表现为对性别差异开始有了新的体验,对性别角色规范有了新的感受,异性之间开始好奇、接近、接受和爱慕。网络交往行为主体的特点如“可以开放、多元、弹性地呈现自我;可以借助网名隐匿自己的真实身份,表达会更直接和无所禁忌”等,契合了初中学生渴望同伴交往,尤其是与异性交往的心理需求。

为了帮助中学生了解网络交友中可能的不确定性,学习识别与判断,尤其是遇到异性交往的情况,如何预防与处理可能产生的困惑,设计本节课如下:

【教学目标】

1. 了解网络人际交往的优势与不足,学着如何“扬长避短”;

2. 探索“网络心动”可能产生的困惑,学习如何预防与处理;

3. 了解“网络心动”的不确定性,初步学习并掌握注意事项,健康网络交友。

【教学重点】

通过故事续编、角色扮演等方式,引导学生初步了解“网络心动”的不确定性,学习预防与处理可能产生的困惑,把握网络交友的注意事项。

【教学难点】

如何在讨论交流环节引导学生积极参与、踊跃发言,畅谈内心的真实感受。

【教学对象】

七年级学生

【教学准备】

1. 七年级部分学生问卷,了解学生对网络人际交往的认识。

2. 班级分组:女生组、男生组、家长组、老师组(根据班级人数确定各小组的数量)。

【教学过程】

热身游戏——猜猜猜

今天,我们要探讨的话题是“E网心动”。进入信息时代,我们人际交往的方式发生了很大的变化,我们可以在网络上认识更多的人,还发明了许多新鲜有趣的沟通用语。接下来,我们一起玩一个“猜猜猜”的游戏,这些沟通用语大概是什么意思。

学生活动。

教师：很多网络用语大家一下子就猜到了，有一部分同学对网络的沟通用语非常熟悉，网络人际交往成为了我们日常生活的一部分。

许多同学觉得网上人际交往是我们人际关系的重要补充。比如，接下来的这个案例：

一、 网上初见

1. 案例：相谈甚欢

小易，7年级，最近心事重重，父母经常吵架，家里要么乌烟瘴气，要么冷冷清清。他很想找个人倾诉，无奈周围的同学看似个个无忧无虑、生活幸福，完全不能找到共鸣，他也觉得将家里的事情告诉身边的同学不太方便。苦闷的他在QQ上闲逛，无意间遇到了一位“知己”——小枫，两个人聊到自己的家庭，发现有许多相同的地方，共同的感受很快让两个人无话不谈……

我们是否遇到过类似的情况，有些话更喜欢在网络上跟网友交流，比如涉及家里的事情，有些同学会选择网上交流，这些网友可能是完全陌生的，也可能是平时认识，但网上交流更频繁的朋友，网上的环境能让我们交流、倾诉。

课前，我们做了部分同学关于网络人际交往情况的问卷，我们一起结合问卷调查的结果，聊聊线上人际交往的优势与不足。

2. 弹幕“飞起来”

请同学们每人发一条弹幕，可以是优势，也可以是不足。写好了就可以“飞起来”。限时3分钟。

准备：提前将纸条发给学生。黑板上标注好“优势”“不足”。

学生活动。

教师：弹幕让人眼花缭乱，大家的观点清晰明了。

网络的开放性、匿名性与交互性等特点，让我们感受到了开放、自由、富有弹性的互动状态。也恰恰因为网络的这些特点，网络人际交往也有在一定的隐患，如容易控制不好时间、上当受骗等。

接下来，我们看看小易和网友小枫的后续发展情况。

二、 网上心动

小易的心情渐渐地好了起来，整个人开始神采飞扬。每天放学后，小易都会迫不及待地登录QQ，期待与小枫畅谈，有时，睡前也会聊到很晚才依依不舍地道别。有时，小枫约好了时间却不在线，小易就魂不守舍。小易隐约感到自己越来越依赖小枫，似乎有了心动的感觉……

我们前面几节课探讨了青春期异性交往的话题，了解了这一时期对异性产生好感是一件自然的事情。在网络人际互动中，也会产生类似的心动的感觉……如何面对网上的这份心动呢？接下来，我们进行分角色的讨论。

请男生组、女生组续写小易和小枫后续的故事，请家长组和老师组讨论：

推测小易和小枫会有怎样的发展？对同学们的网络心动有哪些建议？（强调是对同学提建议，而不是给家长和老师的建议）

先请学生组交流，然后是家长组、老师组。对比剧情的发展，凸显家长和老师的担心，引导学生线上交友时参考家长、老师的建议。也请家长组、老师组就学生组的故事续编情况，提出自己的思考和建议，然后交流本组讨论的情况。

学生交流分享，教师引导。

学生续编的故事，有的是小易被欺骗，包括骗钱、骗感情，有的是线下见面后小易发现是同性，也有的是两人发展成为线下的好朋友。

假如对方是骗子，我们同学可能的心理状态？如何面对？

假如对方是同性，可能是相互拉黑，也可能成为线下的好朋友。

假如对方是异性，在线下相处中发现彼此有许多的不同，没有了线上交流的共鸣感。

针对多角色的不同观点，教师进行引导、追问，澄清可能出现的问题。如网上的“心动”存在非常大的不确定性，可能是一场骗局，可能是一场误会，也可能是两情相悦，等等。针对以上不同的情况，教师根据学生的发言，总结网络交往极易产生“共感”的特点，指导学生如果遇到误会、骗局如何处理。如若是两情相悦，引导学生在向往异性交往美妙的同时，更要关注可能会遇到的困惑及影响，在讨论中渐渐澄清如何处理心中对异性的萌动，让学生从中认识到人生不同的阶段都有相应的使命要去完成。中学时期是学习的黄金时期，也是人际交往的黄金时期，要学习与不同的人交往，积累人际交往的经验。中学时期正处在储存能量的关键阶段，只有储备足了能量，才可能收获属于自己的美好！

三、你的建议

面对网络的开放性与不确定性，中学生如何扬其长、避其短，请不同角色小组对线上交友提出建议。

学生讨论、撰写建议。

学生交流。

教师适当补充、强化相关建议。

设计意图：结合之前两个环节的讨论交流，请学生汇总、梳理、强化网络交友尤其是异性交往的注意事项，不同角色小组的建议相互补充。

四、教师小结

信息时代，网络交友已成为我们重要的人际交往的方式，因为网络的匿名、自由、开放等特点，青春期的我们，也容易产生对异性的萌动。今天大家通过故事续编了解了可能的发展剧情，探索了可能的应对方式，老师和家长在此基础上给了比较中肯的建议、必要的注意事项，希望我们同学学会自我觉察与分辨，加强自我保护，发挥网络交友的积极意义。

五、注意事项

1. 网络交友是学生现实生活中人际交往的重要补充，可以一定程度上满足性格内敛、不善沟通的学生交往的需要。网络的匿名性、开放性为同学们提供了交流、倾诉的平台。网络交友满足了我们成长的某部分需求，但网络对中学生而言非常复杂而难以驾驭，因此教师的引导切忌说教，建议创设安全的课堂氛围，引导学生围绕案例畅所欲言，展露心声。在此基础上，教师给予适时引导。

2. 网络交友中因网络主体的匿名、开放性等特点，极易产生相见恨晚、相谈甚欢的“错觉”，对于性意识萌发的中学生而言，也容易从中嗅到“爱情”的味道，并深信不疑。“故事创编”环节，旨在让不同角色的学生投射自我的感受与选择，包括对故事发展的预期、可能的困惑、处理的方式等。在组织学生相互交流、启发的同伴辅导基础上，教师予以必要的补充和建议，更易于让学生接受教师的价值引导。

3. “故事创编”环节，教师可建议学生根据自身或同学的经历创编，也可适当提供一些参考的思路，如小易和小枫在一次聊天中被家长发现引发了一系列的误会和冲突……；小易和小枫网上"两情相悦"，相约线下见面，发现小枫竟然是一位中年无业游民……；小枫经常以各种借口向小易借钱……

课例 2：成长中的"棉花糖"

【设计背景】

初中学生相对小学、幼儿园的孩子而言，自我调控能力逐步增加，但依然存在较多的自我调控不足的现象，尤其是在面对电子产品的种种诱惑时。课前的问卷调查，收集了学生诸多需要加强自我调控的现象，如吃饭时一直要看手机，做作业时，一直挂着 QQ，好想每天都能上论坛、贴吧……基于以上学情分析，设计"成长中的'棉花糖'"一课。

【教学目标】

1. 通过心理学实验，让学生了解什么是"延迟满足"，初步感知自我调控能力对个人成长的重要性；

2. 教会学生反观自我成长中的类似经历，结合"实验"及课前对家长和老师访问，探讨提高电子产品使用的自我调控能力的策略，学着积极抵御电子产品带给自己的眼前快乐，不断"刷新"自我、超越自我；

3. 通过课前访问家长和老师，学着借助家长、老师的资源帮助学生自我成长，同时增进师生交流与亲子沟通，共同面对电子产品的诱惑。

【教学准备】

1. 学生问卷；

2. 家长、老师问卷。

【教学过程】

一、导入

视频：棉花糖实验。

请学生在观看视频的过程中思考以下三个问题：

1. 揣测实验中小朋友可能的心理变化过程；

2. 如果你是其中的某位小朋友，你会选择几颗糖，为什么？

3. 关注实验中获得第二颗糖的小朋友在做什么？

学生：交流小朋友可能的心理变化及自己的选择。

教师：面对极具诱惑性的棉花糖，小朋友们表现出不同的状态，就像是这样的一些糖果摆在眼前，对于部分同学也有一定的诱惑性，有的同学可能迫不及待地想吃，有些同学想忍忍。现在在上课，如果吃糖的话可能会分散上课精力，要尽量调控自己。这些不同的状态会对他们的成长有什么影响吗？

我们来看看实验的后续报道。

中学毕业：当年马上开始吃糖的孩子在青少年时期表现得缺乏自信，与同龄人相处不好。等到最后才吃糖果的孩子则交际能力强，有主见且学业出众，这些孩子善于调控自己情绪和行为，拥有更好的心理健康水平，他们从来不在困难面前低头，总是能走出困境获得成功。

35岁以后：当年不能等待的人成年后有更高的体重指数并更容易有吸毒方面的问题。等到最后的孩子成年后工作出色，勇于挑战。

基于目前的实验结果，沃尔特·米舍尔(Walter Mischel)教授提出“延迟满足”这一概念，即甘愿为达成更有价值的长远目标而暂时放弃当前即时的满足或坚持克服眼前快乐或应对眼前困难挫折的抉择倾向，以及在等待中展示的自我调控能力（主动延迟满足，并且过程中运用一定的方法策略调控自己）。

二、“我思我悟”

许多同学的成长过程中，也经历过类似“棉花糖”的诱惑。课前，我们通过问卷的形式收集了一些我们同学目前正经历的“棉花糖考验”。调查结果如下：

吃饭时一直要看手机，刷微信、微博；

出了新款手机，就特别想买；

做作业时一直想挂着QQ；

喜欢一边写作业一边跟同学微信聊天；

每天都想上论坛、贴吧；

放学路上刷短视频停不下来；

玩游戏的时间控制不住，一拖再拖，无法自拔。

……

《星期日泰晤士报》评论说，如果米舍尔找到提高自控力的办法，可能能够帮助那些迫不及待想吃糖的孩子改变未来！米舍尔设想，或许可以通过教孩子用不同方式看待糖果来培养延迟满足能力。“比如把糖果想象成像云朵一样在天空飘浮，孩子就能等20分钟。”

看来我们可以找到一些方法帮助我们挑战成长中的“棉花糖”。

三、智慧分享

（一）棉花糖实验的启发。

教师：参考“棉花糖实验”，谈谈成功挑战“棉花糖”的方法？

学生交流：假装睡觉、转移注意力，如唱歌、玩、吃一点点（适度满足）、幻想、奖励……。

教师总结:

1. 闭上眼睛或者头枕双臂做睡觉状,与"棉花糖"保持距离;

2. 用自言自语或者唱歌的方式转移注意力;

3. 想象得到奖励后的状态。

……

（二）老师、家长们的策略

师:大家有没有注意马上开始吃糖的小朋友和其他小朋友有什么不同吗?——年龄更小,这说明什么呢?

年龄越小,自控力越弱,反之,随着年龄的增长,我们的自我调控力越来越强,到我们同学这个年龄你们的自控力肯定会比幼儿园小朋友更加强一些,再如,我们的家长老师也会有更多的策略。请同学们交流一下课前的采访结果。

注:课前让学生以小组为单位,采访身边的家长、老师、同学,挑战电子产品"棉花糖"的策略。(如责任意识、时间规划、借助他人、分析利害关系、理智……)

四、 挑战自我

刚刚我们学习了家长老师的抵御"棉花糖"的策略,接下来,我们来探讨如何挑战同学们的"棉花糖"。

学生小组讨论,每两个小组讨论一个问题。

全班分享挑战策略。

方法策略汇总:物理隔离、严格限时、同学联盟(几个要好的同学成立健康使用电子产品联盟,约定好使用电子产品的时间和内容,共同遵守)、邀请家长协助、"养机场"(放学回家,手机上交"养机场")、增强责任意识、抓住学习的关键期、必要的奖惩,等等。

五、 教师小结

今天，我们探讨了成长中来自电子产品的诱惑，总结了许多实际可行的方法策略，希望同学们借助今天的策略，不断提高自我调控，收获更好的成长。

建立积极的社会支持系统

多项研究证实，积极的同伴关系、和谐的亲子关系、富有建设性的师生关系是预防中学生沉迷电子产品的重要因素。在我们的调查与访谈中，学生也多次提到：网络游戏带给自己团队合作的体验，有小伙伴可以和自己并肩作战；线上社交可以很好地回避自己现实中缺少朋友的尴尬和焦虑等。上海市心理卫生服务行业协会2022学术年会上卢娜医生发布的全国流行病学调查报告显示，游戏成瘾患者在自尊、同伴关系、亲子关系等方面都有不同程度的问题，而社交为游戏行为的四大动机之一。因此，支持系统是中学生健康合理使用电子产品的重要因素。

➢ 典型案例

以九年级的小轩为例，父母在他七年级时生下妹妹，他因觉得自己“失宠”而备感失落，开始迷恋手机。到了八年级第二学期，小轩几乎天天机不离手，成绩一落千丈，偶尔还会逃学。为此，家长向学校求助，发动班主任、任课教师及班级同学劝说小轩，均无果。一次心理辅导中，小轩控诉父母：他们找那么多人来劝我，就不知道自己做出一些努力。他们只想着让我乖乖上学，从来不会好好关心我。在他们眼里，妹妹再调皮也是可爱，而我就只能乖乖上学，听家长的话。原来，小轩一直担心有了妹妹之后父母不再像以前那样关爱他，于是想到通过这样的方式来寻求父母的心理支持，希望能够重新得到父母的爱。

相对而言，电子产品则能够提供“无条件的支持”。“无条件的支持”是心理咨询中咨询师对来访者的一种支持方式，意在帮助来访者敞开心扉，积极面对与自我接纳。电子产品在大数据的支持下，为每个人量身定做感兴趣的内容与界面，让中学生沉浸其中，乐此不疲。如短小精悍、幽默搞笑短视频可以缓解一天的疲劳；享受不用付出任何心力的即时快乐；自由开放的网上交流让中学生随时获得信任与支持；场面激烈、对战精彩的网络游戏更是让中学生轻松获得成就感。如此，中学生在虚拟世界轻松回避了现实生活中可能存在的学习压力、亲子矛盾、孤独寂寞、失落感等问题，享受无条件的支持。

个人的心理健康需要心理支持系统，如家人，或者是要好的朋友。案例中的小轩因妹妹出生、家里地位发生变化，家人的支持系统动摇引发手机依赖。有中学生在校园里没有朋友，转而在聊天软件里聊得畅快，收获友谊；也有中学生学业受挫，内心失落，家长不理解，转战网络游戏寻求心理寄托。电子产品使用有度，可以为中学生提供必要的心理支持；但使用过度，或者将此作为唯一的选择，则会形成过度依赖，严重影响中学生正常的学习与生活。

➢ 方法策略

当中学生周围的环境、教师和朋友能够提供较好的支持时，他们最有可能拥有良好的人际关系与心理健康水平；相反，如果支持环境不良，则容易出现不健康的情感和行为模式。提升中学生使用电子产品的自我调控能力，可尝试拓展中学生的心理支持途径，建立积极的社会支持系统。我们从亲子关系、师生关系、同伴关系三个方面开展实践探索，并提出建议，重点介绍课题组在同伴关系方面采用团体辅导的方式进行的实践探索。

融洽和谐的亲子关系，增加面对诱惑的底气

在问卷调查中，81.38%的中学生认为在父母或老师的管控下，自己可以更好地控制使用电子产品的时长。父母的支持是中学生安全感的重要来源，是中学生面对困难、诱惑的勇气与毅力的重要来源。青春期阶段的孩子与父母的关系可谓若即若离，表面上他们对父母的教育不屑一顾，实则他们内心非常渴望得到父母的关心、理解与支持。拥有稳定良好的亲子关系，孩子更能健康地使用电子产品，不会沉溺其中。同时，良好的亲子关系也更有助于家长协助监督孩子使用电子产品的时间和内容。

结合案例经验，我们提出融洽和谐亲子关系的 7 个“心”。

1. 耐心。陪伴孩子成长的过程中投入时间、精力、耐心，没有一定的积累，就没办法建立稳固的关系。

2. 用心。生活日复一日，如果我们家长都忙着处理学习和生活的一些问题，难免让人觉得处处是问题，亲子之间的关系自然也好不到哪里。建议家长多一些用心，可以制造一些小惊喜，如为孩子组织一次秘密的生日聚会、策划一次外出游玩活动、满足孩子的某个小愿望等。

3. 好奇心。对孩子的成长保持开放的、好奇的状态，尽量不要用固有的眼光看待孩子。孩子是未成年人，是在发展变化中的，不要觉得有些孩子现在比较调皮捣蛋、不爱学习，他将来就会一直这副样子。也许转变就在一次团队活动中，在一次真诚的沟通中，在一次失败或者成功的考试体验中……

4. 闲心。多一些亲子的闲聊，可以聊“八卦”、聊明星、聊文具、聊时尚、聊衣服鞋子、“吐槽”老师、“吐槽”教育制度，但不要主动聊学习、聊考试……闲聊的时间可以是晚上睡觉前，放学回家路上，周末闲逛的过程中。不要评价，要保持闲聊的松散状态，每个主动谈起的话题，都是重在表达，彼此发表自己的观点，相互了解。评价往往会破坏这种氛围，会让挑起话题的人很有压力感。比如，聊班级的同学，孩子可能会描述他们的外表、衣着、偶像之类的，我们有些家长觉得孩子们追求的太肤浅了，会直接上教育：怎么能只看外表呢？谁谁谁的成绩那么差，怎样怎样。如果这样，孩子就没法儿跟家长聊下去了，我们也就找不到教育的契机了！只有保持沟通的关系状态，我们才会发现孩子的成长变化、可能存在的思想误区，也就有教育的契机。

5. 精心。经常准备一些有仪式感的活动，如家庭团建、周末郊游、生日聚会……

6. 自由心。设立一些自由日，家长和孩子都可以吃自己喜欢的晚餐，看自己喜欢的电影，读自己喜欢的书，互相不打扰、不干涉，让孩子在其中体验到亲密关系中相互独立的部分，也给孩子独立成长的时空。

7. 同心。即同甘共苦，和孩子一起面对困难与挫折。如一位家长这样做：考得好，让孩子请家里吃一顿，庆祝一下；考得不理想，家长请孩子吃一顿，安慰孩子！尽量避免让孩子考试后胆战心惊，不知道如何向家长交待，就像向自己的老板交差一样。

构建和谐的师生关系，增强校园生活的魅力

师生关系也是中学生支持系统中非常重要的一部分。相对同伴和家长，学生对老师的敬畏会更多一些，师生关系也有助于加强学生对电子产品使用的度的把握。教师一方面可以走近学生，多表达欣赏与信任，关注并创设机会满足成长需求。对学生开展多元评价，如对学业成绩的认识，帮助不同成绩层次的学生获得学习的成就感，减少其投入网络游戏获取成就感的机会。另一方面，对过度依赖电子产品的学生，成为可信赖的他律力量，帮助其逐步减少对虚拟世界的支持的依赖。

建立友好的同伴关系，增进重要的同伴支持

进入初中阶段，中学生遇到困惑，更倾向于同龄人的帮助，随着年龄的增长会逐渐地接收老师或者家长的意见。家长需要有意识地关注孩子的同伴交往情况，孩子遇到同伴矛盾冲突的时候，能够陪伴、支持，可以创设一些孩子同伴交往的机会，如为孩子举办生日派对，让孩子多一些和同伴交往的时空，也可以讲讲自己小时候同伴交往的故事，增强孩子同伴交往的能力。平时生活中，多引导孩子养成友爱同学、互帮互助的意识，帮助孩子建立良好的人际关系，强化孩子现实生活中的同伴支持。

在学校，我们开展了团体辅导实践探索，邀请过度依赖电子产品且人际关系欠佳的学生自愿参加团辅活动。

找呀,找呀,找朋友

活动目标:

让同学们活动中增强对自我的认识,了解自己在同伴交往中的优势与不足,激发主动交往的意识与信心。学习同伴沟通的具体方法策略,如倾听、欣赏、换位思考、语言表达、非语言沟通等,提升同伴沟通的能力。增强同伴支持的力量,构建积极的同伴支持系统。

活动时间: 每周二,中午 12:10—12:50

活动地点: 心理教室

参与对象: 需要提升同伴沟通能力的同学

第 1 次活动

活动目标:

互相认识,进行团队建设,培养团体凝聚力。澄清团体活动的目的及活动的相关规则。

活动内容:

1. 每人制作一张名片,包括一些基本的信息,如姓名、性别、性格特点、兴趣爱好等。

2. 名片制作完成后,全部交给老师。

3. 老师将名片随机分发给组员,(如果发到的名片是自己的,老师帮忙调换)要求组员根据名片的基本信息寻找名片的主人,同时,对名片的主人进行自我介绍。

4. 分享活动感受。

5. 讨论团体活动的相关规则。

6. 总结、评价本次活动。

第2次活动

活动目标：

组织“寻人游戏”，让组员学习主动交往。组员在交往中介绍自己、了解他人，发现共同的兴趣爱好。

活动内容：

1. “寻人行动”，要求学生根据“寻人信息卡”上的信息，在10分钟内找到具有该特征的人简单交流后签名。

2. 大家交流“寻人信息卡”，看看谁的签名最多。主持人邀请有代表性的学生进行全班交流，如签名最多的同学或在少有人签名的特征一栏签名的同学。

3. 交流完毕后，主持人梳理信息，请具有同一特征的人站在一起相互介绍与交流。

寻人信息卡

班级________ 姓名________

要求：

1. 请根据“寻人信息卡”上的信息，在15分钟内找到具有该特征的同学简单交流后签名。

2. 在一个栏目中可以签不止一个人的名字，看看谁签的名字多：

序号	特　征	签名	序号	特　征	签名
1	穿39码的鞋		6	骑自行车上学	
2	会打乒乓球		7	身高170厘米	
3	有白发的人		8	妈妈是教师	
4	喜欢听古典音乐		9	校运动会获过奖	
5	去过北京		10	读过韩寒的书	

（续表）

序号	特　征	签名	序号	特　征	签名
11	参加过爱心捐款		25	喜欢上网聊天	
12	未来理想是当医生		26	当过志愿者	
13	四月出生		27	网络游戏高手	
14	色盲、色弱者		28	有住院开刀的经历	
15	某学科的课代表		29	体重54公斤	
16	擅长游泳		30	喜欢红色	
17	曾借助心理辅导的帮助自己解决问题		31	喜欢爬山	
			32	不是本地人	
18	会做8种以上的菜		33	爱养小动物	
19	曾经为某事偷偷哭泣		34	想报考外区高中	
20	与父母交流过个人的心理困惑		35	崇拜刘翔	
			36	理科为强项	
21	戴眼镜		37	性格比较内向	
22	补过牙		38	在班级人缘非常好	
23	穿黑色袜子		39	上学期学习进步最大	
24	喜欢周杰伦的歌		40	为妈妈洗过脚	

游戏感受（收获）：________________________________

____

____

____

第3次活动

活动目标：

通过游戏，让学生感悟人际交往中沟通的必要性。让组员认识到为什么理解那么难？通过架桥行动，学习几种沟通的技巧。

活动内容：

1. 折纸游戏。大家把准备好的剪刀、正方形的纸放在桌上，根据下面的提示进行操作，操作之前有两点提示：在游戏过程中同桌之间不可以交流；游戏过程中有任何疑问请在游戏结束后再对老师进行提问。

2. 分享作品与活动感受。

3. 交流“我没说他偷了我的钱”：

(1)“我”没说他偷了我的钱。(可是有人这么说)；

(2) 我“没”说他偷了我的钱。(我确实没这么说)；

(3) 我没“说”他偷了我的钱。(我只是没说，可是我暗示过)；

(4) 我没说“他”偷了我的钱。(我说的不是他，而是其他人)；

(5) 我没说他“偷”了我的钱。(可是他拿了)；

(6) 我没说他偷了“我的”钱。(是别人的钱)；

(7) 我没说他偷了我的“钱”。(可是他偷了我其他的东西)。

4. 沟通技巧：

(1) 求“大同”存“小异”；

(2) 换位思考；

(3)“外圆内方”；

(4) 退一步是为了进两步。

5. 总结、评价本次活动。

第4次活动

活动目标：

通过“有事您说话”和“我的烦恼”，让组员认识敢于说“不”、直言不讳的意义，增强对独立与合作之间辩证关系的认识，理解

"友谊的树上也有需要剪掉的叶子",认识到人际交往中真诚的含金量,激发真诚待人的情感。同时,让组员了解在什么情况下需要向他人说"不"。通过"心理加油站",让组员掌握巧妙拒绝他人的方式方法,并通过"七嘴八舌"环节尝试将其应用于生活实践中。

活动内容:

1. 头脑风暴:同学们看到"不"想到什么?

2. 观看视频"有事您说话":不是自己力所能及的事情如果只是为了面子盲目地答应别人,给自己带来很大的困惑,同时也影响到了家人,甚至还有可能形成恶性循环。

3. "我的烦恼":组员交流自己曾经没有勇气说"不"的经历。

4. "心理加油站":小组交流自己曾经遇到过或看到的类似的事情,谈谈你们的策略。

5. 总结、评价本次活动。

在现实生活中,我们有权利说"不",我们不要做别人的影子,而要做一个有主见的人,不过,我们能拒绝的只能是不合理的要求,而不能拒绝一个应该帮助的人。此外,在说"不"的过程中,我们要做到文明礼貌,尊重和理解他人,学会与人沟通。

第5次活动

活动目标:

观察身边人物的变化,让组员认识到欣赏对人际交往产生的积极作用。了解人际交往中的相互吸引原则(即人际交互原则)及其具体的表现形式,从而发现欣赏对于构建良好的人际关系的重要性。组员通过教师的指导,在活动过程中学习如何更好地欣赏别人。

活动内容：

1. 两组同学照片对比，发现“被欣赏”的神奇力量。

2. 介绍“人际吸引的相互性原则”。

3. 介绍相互欣赏的注意事项：真诚、客观、负责。

4. 活动“送出你的欣赏”：(1)你比较要好的朋友；(2)一个在我们班默默无闻、但你比较欣赏的同学；(3)一个你一直想交的朋友；(4)曾经闹过别扭、关系不如以前的朋友(今天就让我们化解了吧)；(5)一个你比较欣赏的异性同学，等等。

5. 分享感受。

6. 总结、评价本次活动。

第6次活动

活动目标：

进行倾听训练，培养学生的倾听能力，这是良好沟通的前提。

活动内容：

1. 学习关于倾听的名言：

沟通首先是倾听的艺术。——保罗·赵

耳朵是通向心灵的道路。——伏尔泰

会倾听的人到处都受欢迎。——米内

2. 探讨倾听的目的：理解、欣赏、学习、帮助。

3. 探讨倾听的重要性。

调动人的积极性。倾听本身是一种鼓励方式，能提高对方的自信心和自尊心，加深彼此的感情，因而也就激发了对方的工作热情。倾听是给人留下良好印象的有效方式之一。心理观察显示，人们喜欢善于倾听者甚于能说会道者。

4. 讨论、交流积极倾听的方法。

(1) 开放式态度：

控制自身偏见和情绪，克服心理定势，在开始谈话前培养自己对对方的感受和意见的兴趣，做好准备积极适应对方的思路，去理解对方的话，并给予及时的回应。

(2) 适时适度的提问：

紧紧围绕谈话主题，数量少而精（开放式提问）。

(3) 必要的沉默：

松弛彼此紧张的情绪、促进思考、控制自我情绪。

(4) 及时给予反馈：

积极倾听的最后一个环节是用自己的语言复述对方所表达的思想与感情的理解。

(5) 低质量倾听的表现：

➤ 爱走神；

➤ 只关注视觉刺激效果，听不进实际的信息；

➤ 对别人话语中的信息不加以理解；

➤ 只顾自己夸夸其谈，而不顾别人是否有话要说。

5. 倾听的游戏（70'）：谁先救援。

游戏背景：一架私人飞机坠落在荒岛上，只有 6 人存活。这时逃生工具只有一个只能容纳一人的橡皮气球吊篮，没有水和食物。幸存者们针对由谁乘坐气球先行离岛的问题，各自陈诉理由。先复述前一人的理由再陈述自己的理由。最后根据复述别人逃生理由的完整程度和陈述自身理由充分程度决定谁先行离开。

这 6 个人的角色分别为：

➤ 孕妇，怀胎 8 月。

➢ 发明家，正在研究新能源（可再生、无污染）汽车。

➢ 医学家，多年研究艾滋病的治疗方案，已取得突破性进展。

➢ 宇航员，即将远征火星，寻找适合人类居住的新星球。

➢ 生态学家，负责热带雨林保护工作组。

➢ 流浪汉，历经人生艰辛，生存能力较强。

抽签随机分成 6 组进行竞赛，最后讨论。

6. 总结、评价本次活动。

第 7 次活动

活动目标：

让组员在活动中体验与人交往要懂得付出，尝试主动敞开心扉去了解他人、接纳他人。

活动内容：

1. 让一半的同学先围成一个圆圈，另一半的同学分别站在围成圆圈的同学的身后，形成一个稍大的圆圈。

2. 播放音乐。叫圈里的同学转过身来与外圈的同学相对而立。介绍活动规则：

“当我说‘手势’时大家来做：如果你与对方都伸一个手指，表明你们互为陌生人，不愿认识，听到我喊‘动作’时请把脸转向左边。

如果你们伸两个手指，表明你们愿意相识，听到我喊‘动作’时互相握一下手。

如果你们伸出三个手指，表明喜欢对方，听到我喊‘动作’时双手握一下。

如果你们伸出四个手指，就表明你们愿意分享对方的快乐、承担对方的痛苦，能为对方真心诚意地付出，听到‘动作’时请拥抱对方。

如果你与对面的同学伸的手指个数不一样，就不需要做动作。”

3. 请圈里的同学向左跨一步，再次进行活动……重复活动，直到向左走了半圈。

4. 交流分享：当你的同学总是向你伸出一个手指，你有什么感受？当你的同学总是向你伸出四个手指，你有什么感受？你一般伸出的手指是几个？为什么？这个游戏中，你的感受与收获是什么？

5. 评估组员们的成长与变化：互评、自评（学会的四五件事情、最有帮助的经验、如何应用于生活等）。

6. 道别。

积极心理学视角从中学生的成长需求出发，着眼于引导其关注当下生活的美好，培育积极视角，丰富积极情绪体验，提升主观幸福感，培养其积极的心理品质，发展良好的人际关系，建立良好的家庭支持系统等，是帮助预防中学生过度使用电子产品的有效手段。同时，积极心理品质的培养具有扩展效应，可多方面提升中学生的自我效能感，激发其不断积极向上，增强中学生面对诱惑的判断力、抵抗力，助力其更好地适应信息时代的发展。

第二部分
学生与家长案例解读

第五章

学生困惑与解读

作为成长于“数字时代”的中学生，得益于信息技术带来的丰富资讯、海量资源、便捷沟通，也苦恼于如何合理利用它。中学生在顺应时代发展的过程中如何既掌握必备的信息技术，又能把握好运用的时长、内容，做到健康使用，是当代中学生必须要面对的成长课题。近年来，电子产品使用不当带来的亲子冲突、学业荒废、情感疏离等问题频发。以下是中学生在使用电子产品过程中的一些普遍困惑，心理老师们给出了相应的分析与建议，希望能够给学生和家长们一些借鉴和参考。

拨开云雾见月明

——赢得家长对电子产品使用的理解

上海市兴业中学　王　瑷

➢ 学生困惑

进入初中后，学习内容越来越多，随之而来的作业，不仅量增加了，难度也上升不少。有时，我需要使用网络进行搜索与查阅，完成拓展性、研究性的作业，有时，遇到难题卡壳，我会通过微信与同学共同探讨；有时，就想听听音乐放松一下……但是，爸爸妈妈只要看到我的书桌上放着电子产品，就感觉看到了“洪水猛兽”，无论我怎么解释，他们都听而不闻，一边训斥，一边强行没收。我真的不知道该怎么跟他们说，才能获得他们的理解和支持。

➤ 讨论分析

俗话说：针无两头利，蔗无两头甜。随着网络科技的迅猛发展，信息获取的渠道越来越多元化，人们对电子产品的依赖也与日俱增，这已然成为了一个社会普遍现象。一方面，电子产品给我们带来了便捷的生活，开阔的视野，拓展的思维；另一方面，它又使我们沉溺其中，成为电子产品的“奴隶”，逐渐淡忘了书香的味道，大自然的清新。中学生因沉迷网络，依赖电子产品而荒废学业，颓废人生的事例屡屡发生。而这恰是家长们视电子产品为“洪水猛兽”的主要原因之一。

然而，真正的“洪水猛兽”并非是电子产品，而是无节制地使用电子产品。这也正是让有些中学生觉得很委屈的地方，因为他们觉得自己使用电子产品合情合理、有节有度，是父母过度敏感，不问清缘由，只会不分青红皂白的指责和阻止。从父母角度来说，中学生作为未成年人，能有多强的自控力？怎么可能做到说一不二？这真的是公说公有理，婆说婆有理。委屈——使中学生对父母产生了极大的不满；担心——使父母对中学生产生了极大的不信任。这个结该怎么解呢？笔者认为，严格控制使用电子产品的时间和内容，必须要有外力的监督。

➢ 策略建议

首先,换位思考,读懂对方的真心实意,平和对话。就孩子而言,抛开对父母不满的情绪,你是否可以尝试从父母"一味干涉"的举动中感受到他们紧张与焦虑、担心与害怕？而这些恰是他们在乎你,关心你,爱你的一种表现。当你意识到这点后,你会更愿意向父母解释说明此时此刻为什么要使用电子产品,而你的"好好说话"也会让父母"好好听话",从而认识到自己的反应确实过激了。

其次,坦诚相待,避免相互的猜疑争辩,减少误会。有时你出于好意,碰到问题时,想着自己的困难自己解决,于是会选择网络搜索或微信聊天求助;有时你需要私密空间,不想让父母看到和听到自己在做什么,于是会在他们出现时,急匆匆地关闭屏幕或者急于将电子产品藏起来。这些情景若正好被家长看到,大概率会发生这样的对话:"不做作业,又在干什么？把手机拿出来！""我没在玩,我在查这个单词什么意思！""查一个单词需要这么久吗？还不承认！"……于是一场猜疑引起的争辩拉开序幕。因此,真的是在学习上需要用到电子产品时,何不大大方方地使用？建议可以先告诉父母:今天哪些作业需要用到电子产品,大概需要多久。这样不仅父母心中有数,你也可以安心查资料做作业,不用担心被质疑、被责备、被冤枉。

再次,求同存异,尊重彼此的意愿想法,达成共识。父母和你们的成长环境与时代背景不同,而且在社会上滚打爬摸多年后,总希望自己曾经摔过的跟头、受过的伤、走过的弯路,不让你们重蹈覆辙,因而难免会唠叨,难免会谨小慎微,难免会小题大做,难免由此而产生不同的观点、动机和行为方式。因此，你们不妨与父母签订“君子协议”，各自提出合理使用电子产品的方案，找出相同点，协商不同之处，在求同存异中，聆听对方的心声，尊重对方提出的方案和做出的决定，形成最佳方案，将其贴于课桌前，成为你和家长间共同遵守的约定。

最后，找准时机，吐露自己的真情实感，求得信任。随着你的成长，内心深处非常渴望得到父母的认可与支持。这份认可可以给予你足够的信心，去应对学习与生活中的困境；这份支持可以给予你力量，跨过一道道难关。在关于电子产品使用的抗争中，你并不是存心想要和家长过不去，也并非是真的“讨厌”他们，而是想通过这件事守护自己的“主权”宣告自己的独立。如果真的是这样，不妨瞅准时机，与父母来一场“和平会谈”。“笑看青山山亦笑”，找一个大家心情都比较放松的时候，比如在外度假时，就电子产品对学习和生活利与弊的话题展开一次讨论。在利弊分析中，让他们看到你的深思熟虑，看到你的判断能力，看到你的价值取向，从而感受到你的成长。而意识到你的成长，意味着你将获得他们更多信任。

虽然在电子产品使用上，与父母产生了很多的不愉快，甚至有时候到了剑拔弩张的地步，但这其实是你与父母之间存在问题的一种表现形式。很幸运，你也发现了这一点，所以才会提出这样一个“如何与之沟通”的困惑。想要在一件事上获得理解与支持，不仅需要表达观点，更需要表达情感；想要有和谐沟通，那么彼此了解是前提，尊重理解是关键，在换位思考中，求同存异；在相互信任中，和谐融洽相处。

自控，让电子产品使用更可控

——健康使用电子产品，知行难合一

上海市崇明中学　陆婷婷

➢ 学生困惑

我是一名初二的学生，白天学习的任务很重，回到家就非常想放松休息一下。但是我爸妈只要一看到我拿起手机就会念叨，如果看到我在打游戏，那接下来就是一段狂风暴雨般的数落。我真想和他们说，信息时代，电竞已成为亚运会的正式项目了，希望他们不要再对打游戏、玩手机持如此大的偏见啦。当然我也知道，手机的诱惑的确挺大。有时候我只想稍微玩一会儿，但是一刷到抖音，一打开游戏，那真是时光飞逝，好几次弄得自己作业都来不及做，影响了学习。老师，能不能教我一些提升自控能力的方法，让我更健康合理地使用电子产品？

➢ 讨论分析

信息时代，电子产品与我们生活结合得越来越紧密。这位同学的担忧其实是很多同学共同面临的困惑。为什么我们在拿起电子产品后自控力会降低？让我们一起来看一看其背后可能的原因：

1. 电子产品的使用满足了我们的需求。信息时代，我们的生活发生了巨大的变化。线上购物、线上点餐、线上交友、线上学习，人们的大部分需求好像都能通过网络来实现。网络改变了世界，也改变了我们和世界的沟通方式。我们越来越习惯和他人在网络空间互动,朋友圈分享日常、社交平台发表观点、游戏空间组团活动,网络世界的多元、丰富、有趣让我们着迷。此外,通过电子产品,我们还可能在虚拟世界里通过虚拟的身份重新找到对自我的认可和自信心,这也是我们很多人沉迷于电子产品和网络世界的重要原因,可以说电子产品极大地满足了我们的需求。

2. 电子产品的使用实现了"奖励的不确定性"。为什么会沉迷电子产品?请你回想一下,当你拿起手机打打游戏,刷刷小视频,翻翻小程序时,你心里是不是会有一个期待,那就是一定会有自己感兴趣的内容出现,但具体是哪个时间点,会有多少内容,会多有趣这是个未知数。这种随机性就促使你把时间源源不断地贡献给了电子产品。其实这就像赌博的心理机制一样,不知道下次赢钱是什么时候,但是内心对下一次赢钱抱着期待,这就导致很多人赌博成瘾。这就是"奖励的不确定性"。

3. 电子产品的使用背后有想拖延的任务。当然,很多同学也明白,有时候沉迷电子产品在某种程度上是想要远离现实生活的压力。比如中学阶段的我们面临着繁重的学业压力,我们很想找一处空间能够好好地休息,于是网络和电子产品的世界就成了最好的去处。我们不需要改变任何现实,就能徜徉虚拟世界,暂时远离烦恼和压力。所以沉迷电子产品其实也可能是拖延症在作祟。因为不想完成任务,于是就想拖延,于是就开始玩电子产品减压,殊不知,这一拖延就真的把时间都占据了,于是手机成瘾就出现了。

➢ 策略建议

1. 转移注意力,在现实中寻找兴趣点。沉迷电子产品,往往是生活中缺乏值得关注和努力的方向。尝试转移注意力，在现实生活中寻找感兴趣的事件和任务，比如阅读、体育锻炼、器乐学习、参加集体活动等。虽然虚拟世界中也能够实现人际互动，但是现实空间里的人际之间有表情、眼神、肢体的互动，这是网络互动无法实现的，而在这其中获得的满足也是虚拟互动无法代替的。所以，如果你在现实生活中能找到兴趣点，养成互动习惯，那么你就能在一定程度上帮助自己摆脱对电子产品的依赖。

2. 拓宽视野，丰富电子产品的用途。网络绝不仅仅是游戏和休闲的空间，我们可以利用它们实现多样的应用。比如学习知识、习得技能、更高效地生活等，这些都是网络赋予我们的宝贵资源。我们甚至可以利用电子产品中的一些 App 来调整自己的行为，养成更合理的生活和学习习惯。当你不断拓展电子产品的用途，真正将它们作为自我更新提升的工具时，它们的娱乐功能就会弱化，使用时不能自控的情况就会随之降低。

3. 合理沟通，和父母共同制定电子产品使用规则。正如很多同学所说，父母是自己使用电子产品路上的严格的“执法者”，他们甚至会不分青红皂白地剥夺自己触碰电子产品的机会，会简单粗暴地将电子产品使用等同于游戏消遣和浪费时间，这时候我们可以怎么办？其实不难，有时候父母对于这个问题的偏见可能正是源于你平日里的自控力不强，或者和你就电子产品的使用未进行有效沟通。不妨选择合适的时机将自己平日里的使用习惯、内容和父母进行交流，同时和父母一起制定一份电子产品使用规则。一方面让父母因为了解而更理解你；另一方面也让这份共同制定的契约对自己产生合理的约束。这岂不是一件两全其美的事情？

坚持自我 or 随波主流

——同学们都在玩游戏，我该何去何从？

上海市曹杨中学 殷 瑛

➢ 学生困惑

我今年上高一了，对于未来，充满了憧憬与好奇，也为自己制定了明确的目标和规划，每天都很努力去学习。可是，周围同学都在疯狂打游戏，晚上回到宿舍，都迫不及待地玩游戏。虽然我对游戏没什么兴趣，但是看着大家都在玩而我不玩的话，反而觉得自己怪怪的。而且同学们都在聊游戏的话题，我总是跟他们聊不到一起，也不能融入同学们的圈子。现在，我感到很困惑，是为了从众而打游戏，还是“独善其身”做自己？

➢ 讨论分析

听出来，这位同学的内心感到有些矛盾和举棋不定。因为当你和别人不一样时，你不知道是听从内心的真实想法，还是与别人保持一致。是否玩游戏这个问题只是一种外在体现，它呈现了青春期特有的一种矛盾心理，这时候的你，既想保持自我，又想与同学们保持一致，以获得大家的接纳和认可。那么，这样矛盾的心理是怎么发生的呢？

1. 自我意识的觉醒。青春期最大的变化就是自我意识的觉醒。所谓自我意识的觉醒就是开始去思考“我是一个什么样的人？我想成为什么样的人？”等深层次的问题，这个时候我们会发现，我们每个人的个性、兴趣爱好、价值观和需求等都可能与其他人不一样，有些人喜欢玩游戏，追求及时享乐的生活；有些人热爱学习、追求真理，向往更有价值更有意义的生活。青春期成长的表现在于能否接纳自己与其他人的不同，成为一个独特的人。另外，当我们发现与别人的不同之后，我们还希望能够保持自我，不希望自我受到外界的影响而改变。

2. 寻求同伴的认同。青春期还有一个重大的改变就是，原先我们对自己的看法依赖于父母和老师等权威人物对我们的评价，而青春期我们更看重同伴对我们的评价。当同伴对我们是接纳和认可的，我们在集体中会感到安全和归属感，对自我的评价也倾向于积极，比如“我是可爱的”“我是够好的”“我是有价值的”等。相反，如果我们所处的集体对自己是不接纳的、排斥的，我们容易产生消极的自我评价，比如“我不够可爱”“我不够好”“我没有价值”等。所以，我们经常不自觉地与其他人保持一致，以此方式取得同伴的认可。

但是，如果为了刻意迎合别人而忘记自己原本的目标和追求，不仅会荒废青春，而且对健康成长是不利的。那么，对于有类似困惑的同学，我们该怎么办呢？

➢ 策略建议

1. 坚持做自己，不要随波逐流。对于青春期的同学们来说，建立积极向上的人生观和价值观非常重要。当我们与同学们的喜好不一样时，我们先问问自己，哪种选择更加对未来有利？虽然游戏是现代中学生中非常普遍的娱乐方式，但我们也要清楚地认识到：

我们要将宝贵的青春时光花在更有价值的事情上,比如树立远大的人生理想,制定学习规划等。上文说到,青春期是寻找自我的过程,所以如果我们追求的目标是积极的、有价值的,我们就应该坚持自己,多给自己留一些空间和时间去探索自我,用实际行动找到“我是谁”的答案。

2. 学着在孤独中成长。不过,找寻自我的过程中经常是不被理解的,会感到特别孤独,我们需要很大的勇气和力量来面对这份孤独。这时候我们可以做一些什么让自己更有力量呢?比较好的方法就是阅读经典书籍或者观看经典电影,书籍和电影可以帮助我们更好地了解自己、了解世界,进而理解人生的意义。推荐同学们可以看看“四大名著”以及相关的解读书籍,这样你对人生的这个特殊时期会有不一样的理解。一些经典的电影比如《头脑特攻队》《心灵奇旅》也可以帮助我们更了解自己,找到内心的力量。

另外,我们可以多留心周围有没有与自己志同道合的伙伴,毕竟彼此认同的力量是非常大的,也许你就不会觉得自己“怪怪的”了。

3. 学着处理差异。最后,我还想强调一点,坚持自己不等于彻底排斥与我们不一样的人。同学们在爱好上不一致并不代表大家无法相处,相反,从这些同学身上我们可以拓展视野。那么,对于跟我们不一样的人,我们该如何与他们共处呢?首先,学会尊重与我们有差异的同学,以真诚的态度与他们相处,久而久之,同学们相互了解之后,即使爱好与追求不一样,也可能会成为朋友。其次,对于差异,我们可以保持好奇:他们为何对游戏乐此不疲呢?他们从中获得什么呢?这样你可以增加对别人的了解。多交朋友、多了解别人可以帮助我们不断丰富完善自己的个性,在为人处事上更成熟,这也是青春期的重要意义。

手机，拿得起，也要放得下

——如何打破成绩不理想与手机依赖的循环？

上海市实验学校附属小学　汪　琼

➢ 学生困惑

我是一名六年级的学生，自我感觉是一个没有自制力、无法抵御诱惑的人。小学阶段，我的学习成绩一直在班内名列前茅，但进入中学以后，学习成绩不太理想。我希望自己能及时完成作业，提高学习成绩，但是我越是这样想，越是无法做到，越是想努力，写作业时越是控制不住拿起手机上网，导致作业时常写到半夜，甚至无法完成。可能有人会说："你可以把手机锁起来或者放在远一点的地方"，但是我又"放不下"手机，我需要看班级群消息，或者用手机查查与作业有关的题目。我知道，你想说："这都是借口。"可我真的没有办法控制自己，一旦拿起手机，我就会忍不住打开各类 App 看这看那，刷刷"抖音"，玩玩"小游戏"，这好像能让我放空自己，得到一丝欢愉。

现在，我的作业质量不高，学习成绩不断下滑，感觉疲于写作业。面对父母的指责，我每次保证认真完成作业，但又忍不住拿手机玩。我很无奈也很自责，我该怎么办？

➢ 讨论分析

每一个时代有每一个时代的特征。后疫情时代，我们经历了长时间的居家学习，通过使用电子产品（手机、平板电脑等）开展

“空中课堂”,由此可见,没有使用过电子产品的同学堪称凤毛麟角。事物都有两面性,电子产品也不例外,既然当今时代的学习阶段无法避免电子产品的使用,那么我们就得直面它,使其合理化、适度化。那么,“放不下手机”的背后到底是什么原因?

1. 无处安顿的心理诉求。马斯洛的需求层次理论表明,每个人都有生理、安全、社交、尊重以及自我实现的需求,这些需求层层递进。同时,尊重和自我实现的需求永无止境。自我意识飞跃发展的我们容易迷恋电子产品,很大程度上是因为日常生活的单一无趣和学习生活的枯燥乏味。“压力山大”的时代,学习对于我们来说是不断摸爬滚打的受挫过程,面对父母、老师寄予的超高期待,顶着巨大压力,却无处倾诉与宣泄,只能通过电子产品中的各类软件来释放我们的压力,满足我们的需求。

2. 无力碰触的现实目标。每个人都希望自己是优秀的,如果自己是那个最优秀的就更完美了,所以我们制定学习计划,以求达到自己的学习目标,试图通过“优秀”“完美”来展现自我,获取存在感和成就感。可是,通常“理想很丰满,现实却很骨感”,我们时常处于制定计划、执行计划、落实失败、再重新制定计划的恶性循环中,这会让我们产生痛苦的习得性无助感,进而出现“最差不过这样”的心理状态。

3. 无法专一的注意力。注意力是我们在做一件事情时达到全身心投入的能力,而手机所能提供的色彩鲜艳的画面、有趣新奇的刺激往往比学习、作业内容更吸引我们的注意。注意力资源是有限的,当我们大部分精力被电子产品所吸引时,势必影响正常的学习状态。比如:我们写作业时,电子产品非常容易制造“干扰”,我们总是忍不住拿起手机看一看,玩一玩,即使父母没收了,也会心心念念,无法集中注意力去学习。

➢ 策略建议

根据讨论分析内容,提供以下 4 条建议,供大家参考:

1. 丰富课余生活,预防“空心病”。曾经网络上流行一句话:“我上的不是网,是寂寞”。从这句话中,我们可以了解,有的人是希望通过使用电子产品或上网来排解自己的空虚、无聊和寂寞。那么,可以尝试思考,身为学生的我们:当我们拿起手机使用的时候,我们希望得到什么?或者满足怎样的需求?如果是觉得学习无趣,我们可以培养一些学习以外的兴趣,如学习一种乐器、掌握一项运动技术等;如果是觉得宅家无聊,我们可以组织一场户外郊游,如与同学相约公园野餐、漫步等;如果是觉得内心焦躁不安,我们可以找一个安静的地方沉淀自己,如去图书馆翻阅一本自己感兴趣的书、与好友或父母来一场深度谈话等。

2. 管理学习时间,培养自控力。很多人会有写作业前的“仪式”——一个想法:我再玩 5 分钟手机,立马开始写作业。等过了 5 分钟,依旧会有这个想法,直到深更半夜才幡然醒悟,最后放弃作业。我们可以尝试使用“番茄时间管理法”——切割时间。比如:我的目标是 2 个小时完成当天的回家作业,那么把 2 个小时切割成 4 个 30 分钟。25 分钟时间专注于写作业,5 分钟时间休息,这就完成了一个“番茄时间”,5 分钟休息后进入下一个“番茄时间”。“番茄时间”以划分时间段为主,与作业科目无关。(此处可以进行“刻意练习”)

3. 培养学习习惯,促进思考力。我们需要养成独立思考的习惯与独立解题的能力，而不是依赖手机来解答作业问题。校园学习或考试期间，肯定不能使用手机，该怎么办呢？我们可以在日常学习生活中养成独立思考解题的习惯，比如：多用“错题本”、资料书、教材等学习工具进行查题解题，等全部作业完成后，如有需要，再使用手机进行查询。

4. 整理学习环境，提高专注力。每个人写作业或做事时，遇到难题或被打扰后，多多少少都会有点烦躁。此时，我们需要做的就是布置一个简单、安静的学习环境，避免不必要的干扰出现。比如：家里开辟一方天地专门用于学习或写作业，一张高度适宜的书桌、一把舒适的椅子以及需要的相关书籍与课本，把其他物品一律放置它处。舒适的学习环境，安静的学习氛围，固定的学习座位，不仅提高了专注力，还会让我们有特别好的感受。

只要我们主动做出调整，持之以恒，相信最后一定可以做到拿得起手机，也放得下手机。

手机让我开心，也让我忧？

——手机为什么那么吸引我？

上海市罗店中学　袁燕敏

➢ 学生困惑

我今年七年级，最近我和爸妈吵架了，因为他们把我的手机扔出了窗外，手机彻底摔坏了，他们还不给我买，说都是手机害我成绩糟糕，说我自控力差不配拥有手机。没有手机我真是难过得要命。我也知道沉迷手机会耽误学习，但是学习真的让我很不开心，只有在玩游戏的时候，我才会开心一点。可是他们根本不关心我开不开心，只在乎我考得好不好。但我真的不是学习的料啊，在学习里我只有挫败和糟糕，大家也嘲笑我成绩差，不喜欢和我玩。而手机不一样，它不在乎你成绩好不好，特别是玩游戏，不仅让我兴奋，还能交到朋友，甚至让我有成就感。我该怎么办呢？

➤ 讨论分析

智能手机真的魅力很大，不仅是中学生，很多成年人、老年人都对手机爱不释手。智能手机实现了社交、游戏、音乐、视频、购物等各种各样的功能，仿佛一个小世界，让人欲罢不能。玩手机已然成为现代人的习惯，甚至是生活方式。但长时间的"低头"也会带来各种困扰，尤其是中学生阶段，让我们简单地来探讨一下。

1. 强烈的感官刺激。手机带来的视听体验能给人带来强的感觉刺激，让人兴奋。由于中学生长时间处于学习状态，视觉容易疲劳，视觉刺激比较贫乏，手机带来的视听享受很容易吸引他们。尤其是手机应用的不断更新，不断创造新的刺激，自然就让人容易享受其中。

2. 上手容易，反馈及时。漫长的学习经历，等待期过长的延迟满足，让很多中学生感到乏力，特别是学业表现不佳的孩子。很多中学生渴望有东西能够唤起希望感、成就感。而手机游戏正好满足了这个需求。上手容易，每完成任务马上就有奖励，失败了可以复活重来，这些都能唤醒成就感。当看着自己的等级轻松突破的时候，能够弥补在学业上尝到的失败感。可以说，手机世界的成功可以一定程度上缓解现实生活的挫败感。

3. 缓解焦虑，填补情感匮乏。紧张的学习氛围、过高的学业期待、唯成绩论的价值评价、交友困难，让中学生产生孤独、焦虑等负性情绪。而在手机上，轻松的娱乐氛围，各种应用成就、多元的价值评价、虚拟社交正好缓解了现实的压力，填补了情感的匮乏。在手机世界里，中学生感到轻松、自在、真实。

4. 中学生前额皮质发育尚不成熟，意志力不强。神经科学证明人的意志力和前额皮质有关。前额皮质分成了三个区域。左边区域负责“我要做”，处理枯燥、困难或充满压力的工作。右边区域控制“我不要”，帮你克制你的一时冲动。中间靠下的区域会记录你的目标和欲望，决定你“想要什么”，这个区域的细胞活动越剧烈，拟采取行动和拒绝诱惑的能力就越强。中学生前额皮质发育尚不成熟，意志力不强。

➢ 策略建议

1. 认真思考“我想要什么”。当我们想到自控，我们会联想到“我要做”“我不要”，但往往即使我们知道不要做什么，要去做什么，但还是会拖延、会分心。“我要做”“我不要”我们称之为自控。想提升自控，我们要训练的是意志力。意志力就是驾驭“我要做”“我不要”和“我想要”这三种力量，是控制自己的注意力、情绪和欲望的能力。好好问问自己：通过手机我真正想要的是什么？想要放松，那么现实生活里有什么可以替代手机的放松方式吗？想要社交，那么现实生活里有什么可以助力交友的办法吗？想要成就感，那么现实生活里有什么事是让你感到有成就感的？我想要什么没有对错、好坏，这是最真实的欲望，接纳欲望，是增强意志力的关键。

2. 发现自己的闪光点。人生的任务很多，学业只是其中的一项，不要因为学业不理想彻底否定自己。每个人一定有闪闪发光的地方，或许是动手能力强，或许是运动能力好，或许是反应速度快。既然你可以在手机世界里游刃有余，那么你在手机世界的能力也一定能迁移到现实生活里，用积极的视角去看自己，在现实生活里找到成就感。

3. 冥想有力量。意志力是可以训练的，冥想是个很不错的训练方法。手机上有很多正念、冥想的应用，不妨每天花 5—15 分钟试试。尝试去控制呼吸、控制身体，刺激前额皮质的成熟，相信自己有能力控制自己。

人生最美初相见？非也！

——网友“奔现”既想又怕，怎么办？

上海市兴业中学　王　瑷

➢ 学生困惑

我在网上交了一位朋友，和他聊天的感觉非常好，无论我遇到有趣的事，还是碰到不开心的事，总是首先想到找他聊一聊，甚至每天不聊上几句，感觉心里会空落落的。随着交流的频繁与深入，我对他越来越信任，有时会产生一种冲动，很想问他：“我们可以见个面吗？”因为，我好想让他成为自己现实中的朋友。但诸多网友的经验告诉我，这种见面往往都是“见光死”！真的是这样吗？或许我和他是个特例呢？这些想法一直在我的心里打转转。如果我最终还是想要在现实中与他见面，需要注意些什么呢？

➢ 讨论分析

能在茫茫人海中遇见谈得来的朋友实属不易,我们应该珍惜这份缘分和友谊。只是在网络世界里的朋友,彼此的认识主要来自文字信息。在字里行间了解对方的性格特点、兴趣爱好等,对这些信息的解读和感受,难免带着无形的主观臆想。除此之外的信息,比如年龄、职业、形象等,也仅限于对方的自我描述,真实与否不得而知。因而,你对对方的整体感觉大多建立在自己美好想象的基础之上。

不过,那句“会不会见光死”,表明你对自己的这个想法是有所顾虑的。担心真人站在自己面前时,并非理想中的那个样子,怎么办?担心没有了网络世界的隐秘性和距离感,两人从无话不谈变成无话可谈,怎么办?担心曾经的美好期待,如烟花般转瞬即逝,因此而失去了一个知心朋友,怎么办?甚至担心,这所有的一切都是假象,他可能是一个危险分子,毕竟现在网络犯罪的手段层出不穷,防不胜防。

但是所有的担心与顾虑,抵不过对他的好奇,想要验证真实的他是否与自己想象的一致;抵不过交友的渴望,想要冲破网络的虚拟的面纱,拥有一份具有现实感的友谊。如果想见网友的愿望真的非常强烈,那么,不妨先平复一下自己的心绪,情感不冲动,决定不仓促,行动不盲目,可参考以下建议。

➢ 策略建议

第一步:在邀请对方见面前,请先做一个“回忆录”,回望自己与他交往以来的点滴细节,冷静思考以下几个问题:

你和他是怎么认识的？交友有多长时间了？你对他的了解有多少？

你们一般会聊些什么话题？哪个话题聊得最多？

你觉得和他聊得很投机，这种感觉从何而来？他是否和你有一样的感觉？

你为什么想要与他在线下见面？

你与他在网上交流时，感觉到最舒适的是什么？

如果与他在现实中见面，你最害怕发生什么？你能否承受住这可能发生的结果？

在对上述问题进行深入细致的思考后，问自己：我是否真的一定要与他见面？再次确认自己内心的选择。

当你在细细品味过往，“自我拷问”时，或许你会发现，你们的交往时间并不长，交流次数不过几次，还需要再多时间见证这份友情。或许你会发现，聊得投机，正因为他是一个陌生人，可以将自己的心事和烦恼，不需掩饰地说出来；可以随意说出自己的观点，不用担心旁人的眼光和评价，从而释放自己。或许你会发现，对见面的担心和害怕更甚于期待与欣喜。然而，在深思熟虑后，如果你依然抑制不住对网友的好奇，坚定地选择在现实中见一见，也请依旧保持住这份冷静和理智。

第二步：在发出邀请前，请先征求父母的意见，即使争取到他们同意的可能性不会很大，但必须要告知父母这件事，这是对自己负责的一种表现。听一听父母的建议，让自己的计划更完善，在保证自己足够安全的前提下，才可实施。

第三步：获得父母的支持后，请确认对方的居住地，与自己所处的位置有多远？有无见面的可行性。若不在一个城市，建议暂时放弃见面想法，在等待成长中，让这份友谊在时间的磨炼中更可靠更坚固。若可以相约一见的，那么请做到以下几点：

将对方的通讯方式，相约的时间、地点，提前告知父母和身边的好朋友。

携带充电宝，保证手机通畅，不要静音，设置通话快捷键，随时保持联系。时间、地点有变更及时通话告知；条件允许，开启定位，每到一处，将自己所处位置发送给父母和朋友。

约定的时间在10:00至16:00之间，选择天气晴好的日子。

地点尽量选择自己熟悉的区域，人多公开的场所，比如大商场，公安局、派出所附近等。不去公园的隐秘之处，不去KTV、酒吧、网吧、酒店等不适宜中学生出入的场所，不去地下室等信号弱的地方。如果对方执意要选择这些场所，果断终止此次见面计划。包括在见面后，对方中途提出去酒吧等不适宜之地，无论你对对方的印象如何，都请坚决拒绝，决不可贸然随其前往。

穿着宽松舒适有口袋的衣裤，尽量穿运动鞋或平底鞋，背包不宜过重，万一发生意外，方便奔跑逃生。

衣服口袋里放一支笔、口哨，包里放手电筒、喷雾等用品，必要时用于防身。当然，最好提前学几招防身术，尽可能地保护好自己。

到了约定地点，先根据事先约定好的信号，找到对方，暗暗观察一会儿，通过着装、相貌、体型、表情神态等，大致判断是否合适与对方见面。如果此时好奇心已然满足，不想赴约，那么找个理由，用客气而委婉的方式表示抱歉。

在见面聊天期间，尽量不饮用对方提供的饮料、食物，也不要让自己的食物、饮料离开视线，一旦离开座位，随身带走背包，回来后不再食用桌上的食物。

在聊天的过程中，若有与对方一见如故、相见恨晚的美好感觉时，切不可因此而放松警惕；若对方有任何不当的言语或举止，必须马上大声喝止；如果真的如自己所料，没有任何在网聊时的美好感觉时，请及时借故结束这次的见面，不拖泥带水，避免造成不必要的纠缠。

见面结束后，给父母和好朋友打个电话或发条信息，将自己回家的方式和到家的大概时间告知他们。如果对方提出送你回家，请婉转拒绝，避免将家庭信息无意间透露给对方。

无论对方是同性还是异性，成年或未成年，与陌生人的第一次见面，都须保持清醒的头脑、理智的判断，切不可掉以轻心，让自己身处险境，甚至受到伤害。如果父母或朋友有时间同往，则建议由他们在暗处陪护。俗话说，当局者迷，旁观者清，也许他们对对方有不同视角的认识，可以帮助你更全面地看清对方的全貌，让这份来之不易的友谊增加保险系数，让这份网络世界中建立起的友谊如愿以偿地走进现实，成为你未来生活中的一缕阳光，温暖你和他。

如何逃离“刷不尽”的短视频

——沉溺短视频怎么办？

上海市向明初级中学附属崇明区江帆中学　张寒玉

➢ 学生困惑

我是一名八年级的学生，我发现自己现在戒不掉手机了。一有空就刷短视频，一刷就是好几个小时，只要有手机或者电脑就会极度精神亢奋、心情愉悦，无时无刻不沉醉在虚拟的世界里，以至于对学习等其他重要事情提不起一点兴趣。如果停止刷视频就会变得焦虑难耐、烦躁易怒、无聊唏嘘、坐立不安，感到时间过得也特别慢，我也知道这样确实很浪费时间，但一拿起手机就停不下来，内心很想拿起书本努力读书，但却总是不由自主拿起手机刷视频……我要怎样才能戒掉刷视频，找回自己的学习状态呢？

➢ 讨论分析

近年来，越来越多的同学被网络世界精彩纷呈的短视频深深吸引。短视频之所以让人欲罢不能，大多因为其内容新奇、节奏轻快、轻松幽默，抓住了同学们的兴奋点。短视频的吸引力，成年人都难以抵挡，更何况自制力较弱的中学生了。刷视频可以给同学们带来愉悦和欢乐，有助于他们自主探索，满足好奇心和丰富他们的学习，利用网络研究自己感兴趣的东西。但网络作为一把科技的“双刃剑”，短视频能够轻而易举地捕获同学们的心，让你们深陷其中而不能自拔。

1. 逃避现实压力。一些同学常常拿网络当避难所，他们遇事多采取不良的应对方式，在虚拟世界中逃避压力，得到放松，获得成就感。我们经常听到同学们这样讲：“我本来只打算看半个小时，可总是控制不住自己。”“我也明白时间很宝贵，但只有在看短视频的时候，我才能暂时忘记作业、考试和排名。”“我总是安慰自己，一个视频不过几十秒，可谁想到，不知不觉一两个小时就过去了。”有些学生不能很好地解决学业受挫、人际冲突等问题，便会从其他途径寻找补偿，而网上很多搞笑短视频正是他们暂时忘掉烦恼、宣泄情绪、逃避现实的最佳去处。

2. 获得成功感受。在虚拟的网络世界中，同学们可以任意行事、不受拘束、非常自由，无需顾忌行为的后果，并且常常能获得成功的满足感。如一个学习成绩较差、没有得到教师和家长肯定的同学，可以在虚拟的网络中侃侃而谈，塑造出理想中的好学生形象。在这个过程中，学生感到快乐，得到满足，但是由于同学们的自制力尚在发展中，一些自制力相对较差的同学就更容易沉迷于这种虚假的自我形象中难以自拔。

3. 满足交往需求。许多同学在现实生活中缺乏陪伴，较为孤独，便在虚拟世界中满足交往的需求。父母由于工作繁忙等原因，在家庭教育过程中与学生缺乏沟通，一味地满足物质需求而忽略了学生的心理需求，这样家庭中的学生较少感受到家人的陪伴，自然而然就会亲近网络，寻求安慰。性格内向的学生由于很少通过与人交流来表达自己，通常难以获得他人的关注和理解，而短视频上的各种资源便成了他们获得关注与理解的重要途经。

➢ 策略建议

1. 寻求家长的帮助。如果发现自己难以自控，可以邀请家长监督自己，跟家长协商制定有利于学习和生活的上网计划，在家长的监督下规范使用手机，并反思自己刷短视频的这一行为背后的原因，是否在现实生活中遇到了困难，必要时积极寻求学校心理教师或专业心理咨询机构的帮助。

2. 提升自信心。 多探索自己刷短视频以外的成就空间，拓展自己的兴趣特长等，在不断追求并达到目标的过程中获得成就体验，提升自信心。尝试减少刷视频的时间，如果实在控制不了，可以删除短视频应用程序，选择合适的软件替代，不断提高自己的自控能力，提升自信心。

3. 拓展交友圈。 多参加社会实践活动，结交志同道合的朋友，主动邀请身边的同学或朋友参加一些有益身心的活动，如听音乐、外出散步、郊游、健身等。通过自我约束逐渐减少不必要的使用手机的次数，尽量将生活的重心从手机上移开，平衡好学习与娱乐的关系。也可以增强现实生活中与父母的家庭互动和同伴互助，在现实世界中找到成就感、价值观和归属感。

外面的世界也很精彩

——毕业班的学生可以用手机吗？

上海市敬业中学　姚项哲惠

➢ 学生困惑

我是一名九年级的学生，在每天忙碌的学习中，手机是我非常重要的“朋友”。它可以让我心情放松，给生活带来很多色彩，也可以用来跟朋友聊天，跟他们倾诉生活的烦恼。但另一方面，它也让我很纠结——会影响我的学习效率。很多时候我会先玩手机再做作业，即使做着作业也会想看看手机。这样一来，每天都搞得很晚才能睡觉。我自己挺痛苦的，跟爸爸妈妈也因此产生了不少的矛盾。

最近，他们没收了我的手机，说是让我专心备考。我能理解他们的苦心，但这样的做法我不太能接受。而且没了手机，感觉生活就失去了色彩。想要专心学习，也没什么心思，这让我很苦恼。我该怎么办呢？

➢ 讨论分析

随着时代的发展，手机已经成为我们学习生活中必不可少的伙伴，但也可能因为不合理的使用而影响学习专注度和效率。家长因此将手机视为“洪水猛兽”，与孩子也常常因为手机问题发生矛盾。然而，中学生之所以视手机为生活中非常重要部分，容易沉浸其中，与心理发展特点、心理需求、学习生活特点等有关。而亲子之间常因此发生矛盾则与彼此的不理解和沟通的不顺畅有关。

1. 手机吸引人，内心有需求。沉迷手机与网络的世界的原因，与我们的内心需求有关，包括认知学习需求、娱乐放松需求、自我探索需求、社交情感需求等。手机游戏设置了很多“套路”，比如通过签到奖励不断给予玩家正向反馈，通过组织“公会”满足玩家社交需求等。而打一盘游戏得到的即时成就感，是在努力学习后未必能马上得到的。但这种快乐和成就是短暂的，不懈努力后取得的点滴进步所获得的满足感才是更持久的。如果过于沉迷其中，可以想一想，到底是哪个部分吸引了自己？是自己哪些心理需求在现实中没有得到充分满足？我们又可以通过哪些其他更健康的途径和方式去满足？

2. 手机很丰富，生活更精彩。虽然手机成为了我们生活中很重要的一部分，但手机以外的学习生活其实也是很精彩的。比如，阅读书籍、参观展览可以拓展我们的视野，满足认知学习的需求；运动、呼吸冥想也是既有趣又能帮助放松的好方法；找到一些榜样，思考自己想成为怎么样的人，是自我探索的重要一步；也可以在现实中多参加集体活动，与同学增进交流，来满足社交情感需求。当我们的眼睛里只有手机的时候，很容易忽略生活的其他部分，让我们尝试探索生活本身的精彩。

3. 沟通易冲突，情绪要管理。能感觉到你对父母的理解，也希望自己能更为合理地使用手机。然而，处于青春期的我们，本身情绪就会有一些起伏，加之父母“一刀切”的做法，容易让你情绪“上头”，说出一些伤人的话，反而不利于问题的解决。其实，每个人的大脑都有“理性脑”和“情绪脑”。当情绪来袭，“情绪脑”被激活，“理性脑”就很难工作，容易有一些冲动的话语和不理智的行为。因而，我们要学习“先处理情绪，再处理事情”，这是沟通的重要原则。如果我们平复情绪后再与父母进行沟通，不仅能避免矛盾冲突，也更可能促进他们对我们的理解。

➢ 策略建议

1. 培养成长型思维，积极迎接挑战。学习和打游戏在体验上有着很大差别，它没有即时的正向反馈，也没有办法“输”了重来，这会让我们在有些时候感到受挫。九年级又是一个节奏紧、任务多、压力大的时期，因而需要学会给自己创造一些积极反馈，培养成长型思维。比如，当遇到挫折失败时，用“错误是可以帮助我学习的”“我是可以有所提高的”等来代替“我太差了”；当遇到难题时，用“我能够挑战我自己”“我可以想办法和伙伴一起来解决”等来代替“我不行”。而面对目前没有手机的生活，如果你想的是“暂时与手机告别，可以给自己更多机会发现生活的精彩”，可能也会有不一样的状态。

2. 情绪巧管理，沟通促理解。如果你想好好和父母沟通，取得他们的理解，那么安抚好自己的“情绪脑”十分重要。可以采用“一停、二看、三想”的方法：先停一停，做几个深呼吸；再观察一下周围，慢慢冷静下来；最后想一想，自己希望达到的沟通目的是什么，如何能够得到父母的理解。不妨把你在手机世界里希望获得的满足、你在现实生活中的困难、你的真实感受、你对手机使用和亲子矛盾的烦恼等和父母说一说，这能帮助他们更好地理解你，你们的关系也会更近一步。在达成理解的基础上，进一步的协商才会成为可能。

3. 尝试多途径，合理用手机。你也提到自己在使用手机上的确有困难，那么我们也需要想办法“多管齐下”对手机进行合理的管理，提高学习效率，也打消父母的顾虑。可以在家里设定一个“养机场”——专门放置手机的地方，在学习时与手机保持一定距离，休息时再去使用。也可以通过一些工具，比如“番茄 ToDo”等 App，或者开启“中学生模式”，帮助自己更加有效地做好时间管理。

如果父母看到你能够比较适度地使用手机，或许也不会全然地“一刀切”。当然，每个人对“适度”的定义可能并不一样，这就需要双方进行沟通和协商。必要时也可以邀请第三方的支持，比如其他家庭成员或者老师等。

网络空间并非都是美好

——遭遇网络欺骗，怎么办？

上海市梅园中学　何　新

➢ 学生困惑

我是一名七年级的女生，平时喜欢画漫画。偶然听说在网上可以有偿为他人作画，正好我想要给好朋友买生日礼物，想自己赚钱买给她，然后我就开始在网上约稿。一个月前，我终于接到了一单约稿，几乎每天回家后都是匆忙完成作业，把自己的大部分精力都用在了完成作品上。可想而知，我的作业质量急剧下降，上课打瞌睡，考试也不及格。最让我接受不了的是，交稿后买家没有付款，在我催款时不仅出言辱骂我，还拉黑了我。

我很懵，更是愤怒和懊悔！辛辛苦苦一个月时间的付出，就这样白白地浪费了！对方太可恶了，无冤无仇地为什么要骗人。我心有不甘，但也不好意思把这件事情跟父母和好朋友说。这段时间，我郁郁寡欢，对网络空间的不信任也影响到了我对身边同学的信任，总担心被骗，我该怎么办呢？

➢ 讨论分析

类似这位同学在网上被骗的情况并不少见。

1. 中学生社会经验有限。中学生大多涉世未深，社会经验缺乏，容易轻信他人。我们相信口头约定就应该要履行，也期待对方遵守约定，建立彼此信任的关系。一旦信任关系被破坏，之前有多信任,就会体验到同等的被欺骗的伤痛。这位同学在网络上进行“交易”的初衷是通过自己的劳动所得为好朋友购买生日礼物,本来是一个特别有意义的事,但辛苦了一个月的时间,最终以被欺骗结尾。可见,这位同学有多伤心、多愤怒。

2. 网络人际互动信息有限。网络世界的人际互动大多借助文字、视频远程沟通,对彼此信息的了解非常有限,也为网络欺骗事件的发生提供了空间。尤其对于与网络世界共同成长起来的中学生而言,对网络世界有着自然的好感,甚至有时分不清网络与现实的区别。在网络世界中,我们与他人的沟通,要有必要的防备。

3. 对他人的不信任感增强。因网络受骗影响了这位同学的社交心态。经历这件事后,她失去了对他人的信任,这种心理也影响了她在现实生活中的交友,认为他人都是不可信任的。在网络这个虚拟世界里,人人都以虚假的身份出现,尽管她对对方真诚以待,多次按需修改作品,直至对方满意,但对方在虚假的身份之下,并没有真诚地对待她,使她对他人产生了不信任感。

➢ 策略建议

1. 调整情绪,回归正常的学习、生活。这位同学想为朋友生日送礼物的出发点是好的,但由于选择的方式有欠缺,导致了自己情绪受影响。目前最应该做的是调整好情绪,可以和父母倾诉一下。如果你能够得到父母的理解和支持,就会体会到家人的爱。有不良情绪一定不要憋着,你也可以找一个没人的地方,放声大哭,并且边哭边把自己想说的话说出来,一次性哭个够,把情绪释放出来。然后重新安排好自己的时间,有计划地进行学习生活,争取早日回归正常的学习、生活。

2. 自我保护，提升网络使用的安全意识。虽然社会各界在不断加强网络的“清朗”工作，但相比现实世界，网络世界依然有许多的安全隐患。对于成长中的中学生而言，不安全的方面更加多，如案例中的欺骗行为，色情、暴力等信息的侵扰，诱导游戏“氪金”，等等。中学生需要加强自我保护的意识，建议使用“中学生模式”上网，不进行涉及金钱交易的网络行为。遇到欺骗，甚至诈骗行为，也要学会求助或者报警。

3. 转变认知，加强和同学之间的现实交往。网上人际交往，不同于面对面交流，很多信息真伪难辨，但我们不能因为在网上受骗就对他人失去了信任。在现实生活中可以加强和同学朋友之间的交往，平时与同学朋友们一起学习、一起娱乐。学习中有不懂的就问，遇到需要帮助的同学要热心帮助，多和同学们看看有益书籍，平时多与同学们聊聊大家感兴趣的话题。相信你会发现在现实生活中与人交往，和虚拟空间的交往是不一样的，还是可以信任的。

4. 签订契约，在家长监督下合理使用网络。中学生使用网络，有利的一方面主要是能用较快的方式获取最新的信息；不利的一方面是极容易和这位同学一样不能把握上网的内容和时间，同时上当受骗，对自己的学习和身体健康造成危害。大家可以与家长加强沟通，和家长一起制订一份自己的网络使用计划表，规定上网的时间和内容，并设定一定的奖励与惩罚机制，用以激励自己。过程中可以找家人协助监督，严格控制上网时间和内容，坚持执行，既保护自己，也能保证学习的效率。

网络世界自由也危险

——遭遇网络暴力，怎么办？

上海市中国中学　胡　悦

➢ 学生困惑

我是一名八年级女生，学习还不错，不玩游戏。我父母很放心让我随意使用家中的电子产品。我很喜欢一部漫画，网上有一个专门讨论这部漫画的群，我加入了这个群，经常和群友们讨论人物和剧情，聊得很开心。有几个还和我私下加了微信私聊，从漫画聊到了生活中各个方面，我很珍惜这几个志同道合的网友。

有一天，群里有一个人对漫画里的一个人物进行了点评，言辞中出现了一些侮辱性的词汇，而这个漫画人物是和我私聊的网友特别喜欢的。于是，网友在群里和对方争论了起来，群里的人不断加入双方阵营，争吵越来越激烈，我看不过去，也加入了网友这方，结果我也被对方言语侮辱，把我气得哭了一晚上。妈妈看到之后问了缘由，告诫我不要掺和这些网上的纷争，否则就禁止我使用电子产品，我不敢再多作声，把这份委屈憋在心里默默承受，渐渐地对身边的人也开始有了不信任的感觉。

➢ 讨论分析

这位女生在网络上遇到的这种情况属于网络暴力，虽然是虚拟世界发生的人际纷争，但是结果和现实生活中发生的人际纷争一样，会让人心情很不愉快。而且，因为网络上大家都是匿名的，所以有时候言辞会更加无礼与过分，对当事人造成较大的心理伤害，所以对于这样的网络暴力，中学生要有更多清醒的认识：

1. 要充分理解自己目前的境遇。在网上遇到一群志趣相投的人，加入一个群体，这是满足了人的归属感的需要，是马斯洛需要层次理论中的第三层需要，是人们普遍存在的需要。遭遇了网络暴力相当于归属感被破坏，会让人产生非常不愉快的情绪体验，这是很常见的情况，要理解这样的情绪体验，不要阻断或者否认。

2. 要有充分的心理准备。情绪产生到慢慢消失是有一个过程的，需要一定时间的，不能着急，要耐心对待。在遭遇网络暴力之后，我们会有一段时间一直感到被攻击，对群体产生强烈的不信任和不安全感，甚至因此会在现实生活中都开始怀疑人与人之间的真诚程度，会对人际关系有更多深入的思考与反省。这个过程中，我们会有一段时间持续消极的情绪，这是因为我们在思考与梳理人生观，这个过程是有意义的，是需要经历的。

3. 要依靠支持系统。遭遇网络暴力之后，人需要慢慢修复对他人的信任，对环境的安全感。在这个过程中，身边的支持系统很重要，家人、老师、同学、朋友都是可以依靠的支持系统中的人。我们可以向身边信任的人倾诉，寻求同情和安慰，体验被接纳和关心，将心情慢慢温暖过来，当心中有了爱的力量之后就可以恢复心情，投入正常的学习与生活了。

综合以上三点，我们会发现，遭遇网络暴力是一个压力事件，需要一个过程来处理这个事件带来的情绪。同时，进行认识上的重新调整，是一个人成长中的一个关口，我们都要积极面对。

➢ 策略建议

首先，可以暂时不在漫画群里发声，因为对方可能不是学生，有很多时间与人争执，或者对方可能是有性格缺陷的人，用攻击别人这种方式发泄自己的不满。所以继续在群里进行口舌之争会加剧网络暴力的程度，不进群、不发声是一种自我保护，也是停止纷争的一个良方，所谓息事宁人是聪明人的做法。

其次，可以预约学校心理老师接受心理辅导，这类交友产生的人际关系的问题是非常常见的心理困扰，心理老师对这样的案例通常比较有经验，所以和心理老师聊聊可以较好较快地缓解自己的心理压力和不适感。这就是所谓，专业的事情要咨询专业人士。

最后，要将自己的心历路程和家人聊一聊，先要告诉他们自己已经解决了这个问题，但是这个过程需要和他们分享一下。这次受到的是人际关系方面的伤害，通过和家人交流感受，亲近的人的支持有助于你更快摆脱网络暴力带来的伤害。通过这次事件，也许你可以更加清醒地认识到网络世界中的人际关系的不牢靠与不真实，懂得不能在网络世界的人际关系中投入太多的感情，要更加理智面对网络世界。

第六章 家长困惑与解读

引导中学生健康使用电子产品，家庭教育是关键。但对于这一新时代的教育难题，过往没有相关的教育经验可以借鉴，加上孩子处在青春期，亲子关系充满张力，让许多家长手足无措，困惑不已。以下案例涉及一些普遍性的家长困惑，心理老师们在讨论分析的基础上，给出了一些教育建议，希望能给家长们一些借鉴和参考。

学习、娱乐，熊掌与鱼可得兼乎？

——如何平衡电子产品的学习与娱乐功能？

上海市罗店中学　袁燕敏

➤ 家长困惑

我的孩子马上就要读九年级了，成绩还可以，但自控能力不行。常常一回到家就捧着手机。问她做什么，就说在用手机学习。我们家还是很开明的，我也知道现代人怎么可能不用手机呢？尤其是很多作业确实要通过手机上传。可是我也很担心，因为我抽查了好几次,都看见她在看小说、刷视频、聊天。这样肯定不行。我们想和孩子谈谈,希望她能够正确使用手机,偶尔玩玩没关系,但还是要把使用重心放在学习上!

➢ 心理分析

随着智能电子产品的发展,其用途越多越广。尤其在教育领域,很多家校互动平台、优质课程平台、学习应用需要借助电子产品实施。孩子们使用电子产品搜集资料、参与学习互动、进行时间管理等,是有助于他们自主学习及家长了解孩子的学习动态的。但很多家长也会顾虑,电子产品诱惑这么大,孩子自控力有限,想知道有什么办法能让孩子平衡好娱乐和学习呢?

1. 学习和娱乐真的是对立的吗? 如果我问家长"学习的反义词是什么?"你的第一反应是什么?是娱乐吗?是玩耍吗?不知什么时候起,学习和娱乐有点势不两立的趋势了。在我看来,学习的反义词是遗忘,娱乐是个"背锅侠"。学习和娱乐的关系是朋友,你中有我,我中有你。越来越多的研究证明了娱乐的正向作用。例如,通过玩游戏人们提高了自身识别环境变化以及瞬时的信息处理能力,同不玩游戏的医生相比,每周至少玩 3 个小时游戏的医生做腹腔镜手术的出错率要低 37%,且速度要快 27%,在工作之余玩游戏可以提高工作效率,提升工作满意度。

2. 是过度学习,还是"超度学习"? 在克服遗忘的传统策略里有一条是"加强信心,提供愉快的学习体验",还有一条是"过度学习。"心理学家艾宾浩斯的"过度学习"是指,如果把人学习某种知识掌握到当时再现不出错的程度作为 100%,那么要保持住这种知识的掌握程度,还要用一定的时间,用相同的注意水平来不断巩固这一知识。但这种巩固一般保持在学习程度的150%以内为佳,在这一限度内,其学习心理效应最大。"过度学习"经常被应用于教育教学中。但"过度学习"也要掌握一个度,一般说来,超过150%,会因学习疲劳而发生"回报递减"现象,学习的效果就会逐渐下降,出现注意分散、厌倦、疲劳等消极效应。现在的孩子周中白天在学校学习,放学各类补习,周末大小兴趣班,重复机械的作业,几乎排得满满当当,显然很多已经不只是"过度学习"了。那么,当孩子明显表现出注意分散、厌倦、疲劳时,不妨适度娱乐来调整一下。

3. 是调节放松,还是"软瘾"? 很多家长会焦虑,孩子一回到家就玩电子产品,是不是上瘾了?"软瘾"这个新名词,指那些强迫性的习惯、行为或情绪。当事人表面上看获得暂时的满足与短时的快感,实际上却被榨取大量的精力,财力或者更多,事后或许会有些后悔,但当时却难以摆脱。而识别"软瘾"的很重要的指标是对孩子生活的影响,如果孩子使用电子产品后感到恢复能量,能更好地完成作息安排,那么她是调节放松;如果孩子感到能量耗竭,干扰了作息安排,那么使用电子产品可能真的成为了他的"软瘾"了,就需要家长做出及时的干预。

➢ 策略建议

1. 劳逸结合,适度娱乐。 学习不是只争朝夕,而是长线投资。"过度学习"确实有效,但也要把握一个度,学不动时,及时喊停,添加一些娱乐,比如玩会儿电子产品,调节紧张的学习状态。但如果孩子极为依赖电子产品，每次玩的时候很快乐，但玩好后又感到能量耗竭，严重影响了他的作息，那么和孩子好好聊聊“软瘾”这个话题，引导孩子认识到他的状态有影响到他的正常生活，并启发孩子自己想想调整和控制的方法。

2. 关注应用，管理应用。家长常常会关注孩子使用电子产品的时长，除了时长外，还可以通过后台查看孩子在使用的应用种类，从而深层了解孩子的状况。管理应用时，关注孩子是否在同一类型的应用上花费过多时间。有些应用不适合中学生的，需要第一时间管制。当然，有些好的应用也可以推荐给孩子。

3. 制订计划，监督提醒。家长需要从长远的视角去关注孩子的状况。在孩子的真实需求及能力的基础上，与孩子一起制订有效的学习计划，即关注计划的目标性、具体性、可实现性、可评估性、时效性。当孩子意识到，时间有限、任务很重，学习对自己意义非凡时，其自身的学习主动性会被激发。当然，青春期的孩子，需要我们家长一定的监督和提醒，但需要注意方式方法。当孩子养成一定的学习习惯后，家长要学会放手，内驱力比外力更有用。

注意网络安全，加强自我保护

——如何培养孩子的网络安全意识？

上海市崇明中学　王琳琳

➤ 家长困惑

网络时代的发展，让孩子不得不借助手机等电子产品完成部分必要的学习任务，而且网络也确实能够提供很多优质的资源供孩子浏览、学习。与此同时，对于孩子使用电子产品和网络，我也有很多担心。我担心网络上的那些不良游戏和良莠不齐的信息会影响孩子的身心健康，甚至涉嫌违法；我担心少不更事的孩子被坏人利用，掉进“骗钱”“骗色”的陷阱，甚至危及人身安全。孩子缺乏甄别能力，我只好让孩子在我的监督下使用电子产品。但这也不是长久之计，学习毕竟是孩子自己的事情，我也不可能时时处处陪伴监督孩子。我该怎样培养孩子的网络安全意识，让他健康、安全地应用网络呢？

➢ 讨论分析

从家长的困惑中，我们看到了家长对于孩子使用电子产品和网络的复杂情绪。主要体现在以下三个方面：

1. 面对网络“双刃剑”特点的焦虑心态。时代发展到今天，电子产品已经渗透至我们生活的方方面面，逐步改变着我们的工作、学习和生活方式。近些年网络教学的兴起，让孩子们足不出户就能获取优秀的课程资源，还可以按需要量身定制部分课程。合理地利用网络学习资源，学会网络时代的学习，可以说是大势所趋。

家长一方面认识到电子产品是网络时代孩子学习的必备工具，另一方面又为孩子可能接触到的不良游戏和信息，甚至是网络世界里潜在的种种“陷阱”而感到焦虑。孩子们既得利于网络学习的便捷高效，家长又可能受困于消耗大量的精力来保证网络使用的安全。如何让孩子合理利用电子产品成为家长心中的烦恼。

2. 为孩子上网建立“防火墙”的迫切心愿。必须认识到，网络上确实存在着很多不安全的因素，例如无法辨别真伪的信息、带有色情或暴力元素的游戏、让人防不胜防的网络欺诈……这些无一不挑动着家长脆弱的神经。于是家长们希望建立一个“防火墙”，替孩子隔离掉这些网络糟粕，过滤掉有毒有害的信息。他们希望通过自己的陪伴和监督，能让孩子远离网络中潜在的伤害。

3. 不知道如何有效合理监控孩子上网的为难心理。家长的焦虑有其合理的因素，但也有过度担忧的问题。家长自己也认识到，很多手段只是难以长久坚持的权宜之计。事无巨细的监督、陪伴，不仅需要消耗掉家长大量的时间和精力，也可能会激发孩子的逆反心理。家长的监督也可能让孩子无法学会甄别信息、自我保护，合理利用网络的技能，一旦家长鞭长莫及，孩子便可能受到伤害。

总之，家长面临着多重困局，所以让孩子自己学会安全的使用网络，才能从根本上解决家长担忧的难题。如何指导孩子科学安全使用电子产品，家长可以尝试以下一些做法。

➢ 策略建议

1. 将孩子使用的电子产品调至“青少年模式”。现在很多电子产品、应用软件允许监护人设置“青少年模式”等选项，以便家长能够监督孩子的使用，同时适时限制未成年人使用电子产品的时间和内容。家长可以将孩子使用的电子产品、常用软件设置为“青少年模式”，在孩子知情的情况下定期查看使用情况。这样既可以监督电子产品的使用情况，也不容易引起孩子的反感。“青少年模式”是给未成年人使用电子产品设置的保险，可以帮助他们过滤掉很多不良信息。

2. 和孩子商定电子产品的使用范围和时间。现在电子产品的功能越来越强大，可供使用的范围越来越广。家长可以和孩子就电子产品的使用订立一些契约。如约定使用电子产品的周期和时间，约定除必备软件外，不下载其他应用，不浏览“白名单”之外的网页等。可以要求孩子每次使用电子产品后记录一下使用的时间、软件、网站等记录，必要时交给家长检查。契约的内容一定要和孩子共同讨论完成，并要求孩子签字确认。这个过程可以增强孩子的契约意识，促使他们遵守约定。建议从孩子开始独立使用电子产品时便商定使用契约，让孩子养成遵守契约、健康使用电子产品的习惯。

3. 指导孩子学会甄别信息来源，提高自我保护意识。家长应该提醒孩子网络信息的开放性，部分信息有误导性，指导孩子学会甄别。告诉孩子不轻易添加陌生人为好友，不点开陌生人发来的链接，好友发来的链接要核实后再点开，不上传照片、身份证、银行卡等重要信息。教育孩子不转发未经核实的信息，不轻信转账中奖等信息，遇到问题及时和家长沟通，等等。可关注相关新闻、案例，随时与孩子分享一些时下的“网骗模式”，让孩子使用电子产品的过程中保持警惕。只有教会孩子学会甄别信息，学会保护自己，才能保证孩子安全地独立使用电子产品而不受到伤害。

让开！电子产品

——孩子“机不离手”怎么办？

上海市中国中学　胡　悦

➢ 家长困惑

我是一名职业女性，在一家保洁用品公司的市场部做经理，工作比较忙。我的女儿现在读初中，从小到大，女儿的饮食起居和作业辅导都是由我和她外婆一起管理。升入初中后，女儿开始使用手机，做作业的时候时不时看一下手机，不能专注，经常拖拖拉拉地做到十一二点才能完成，而且质量也不高。她有几个情况越来越明显：视力下降、睡眠不足、作业拖拉问题严重、成绩下降、整个人的精神状态都有点萎靡不振。

我意识到女儿可能对使用手机有点上瘾，影响了正常的作息和学习状态，很着急，觉得需要管控一下她的手机。于是我们长谈了一次，说好做作业的时候将手机放在客厅不要接触，做完作业可以使用，晚上不迟于十一点睡觉，睡觉前再次将手机放在客厅不接触。谈的时候好好的，女儿也表示希望我可以监督她使用手机，但是实际上经常做不到。我们为了这件事发生了多次争执，外婆出来调解也没用，搞得家人关系越来越紧张，我觉得很烦恼，真希望电子产品从我们亲子沟通的道路上让开。

➢ 讨论分析

孩子沉溺于电子产品，影响了正常作息的规律，影响了学习的情况，这种现象在当代中学生中不少见。家长往往在看到孩子学业成绩明显下降的时候才意识到问题的严重性，开始管理电子产品。而这个时候因为孩子已经陷入电子产品的诱惑而不肯接受或者执行管控机制，亲子矛盾由此产生，愈演愈烈，搞得家长很是头痛，心力交瘁，不知道如何应对。其实过度使用电子产品的背后有许多因素，是这些前因造成了现在的后果，我们逐一分析。

因素一，初中阶段的学习内容相比小学从广度到难度都有更高要求，所以在小升初之际孩子需要适应新的学习环境，这个时候正是考验学生学习毅力的时候，电子产品的吸引力可能会干扰这种适应过程。

因素二，母亲和外婆两名女性长辈一起教育孩子，难免发生教育理念不一致的情况，当两名家长存在分歧的时候，孩子很有可能钻空子，这会延误学习习惯的养成，不利于小升初过渡期的适应。

因素三，在监管电子产品这件事情上，母女之间只是在口头上达成了协议，这个协议不够有仪式感，而且在执行过程中监管力度是不够的。各种疏漏会带来各种借口，亲子之间忙于争论解释和情绪发泄，而没有将精力集中在解决问题上，降低了管理的效率。

综合以上三点，我们会发现，电子产品的管理实在是一门艺术，家长一定要有充分的预计和方案，才能帮助孩子有效使用电子产品，而不会发生由于过度使用而影响学习生活的情况。

➢ 策略建议

孩子目前的情况属于过度使用电子产品影响了正常的学生生活，而且已经开始因为使用电子产品和家人闹矛盾、发泄情绪，再发展下去可能会更多影响到身心健康，导致无法正常学习与生活，所以需要及时调整，具体建议如下：

首先，利用书面契约签名这样的仪式化方式将电子产品管理变成有据可循的过程，奖惩措施到位，并且一定要严格执行。要有思想准备，执行的初期阶段，很可能还是会有亲子冲突，但是要认识到这是一个必经的过程，要共同努力去达成契约，因为好的习惯培养一定是有这样一个艰辛的初期阶段的。

其次，家庭中每一名成员都要注意情绪控制与调整，在讨论的时候，就事论事，不要使用带有人身攻击色彩的语言，控制情绪也能有助于提高自控力和自律意识，在情绪控制这个问题上，家长需要以身作则，做好孩子的榜样。

最后，母亲对孩子要保持信心，作为家长一定要觉察自己的情绪，当信心不足的时候需要求助，要不断用积极的心理暗示告诉自己，亲子之间可以沟通，问题可以解决，保持信心。学习是一个长期的过程，家长要有打持久战的心理准备，在孩子求学的道路上做好陪伴。

电子产品是时代发展的正常产物，有利于高效学习与生活。只是它是把“双刃剑”，当人们沉迷它的娱乐内容消耗过多时间和精力的时候，才有害身心。所以，电子产品的出现是对家庭教育的又一挑战与考验，家长要更多耐心与智慧来帮助孩子用好电子产品这把“双刃剑”。

严与爱，放手与信任

——可否让孩子自主管理电子产品？

上海市实验学校附属小学　汪　琼

➢ 家长困惑

我女儿是一名初三的学生，文静乖巧，成绩中等偏上，眼看着即将参加中考，却总是“机不离手”，不是哈哈大笑着在刷小视频，就是在玩手机游戏，一点都没有初三学生的紧张感。青春期的女生比较敏感，为了避免争吵，我也不敢多说，但心里非常忐忑不安。一场疫情改变了孩子的学习方式，居家上网课，与老师、同学都是网上互动；孩子沟通班级事宜、查看作业要求以及学校活动安排等，都需要用到手机。目前我们不得不让孩子拥有自己的手机，总不能老拿着我们的手机使用，而且我们时不时地监督着手机使用情况也不合适，毕竟孩子长大了，有自己的想法。自从孩子有了自己的手机后，我确实发现了一些好处，但是，有一天孩子的手机屏幕自动跳出“上周您的屏幕使用时间增加了10%，每天平均7小时39分”，使用时间远超我的想象。我瞬间暴怒，立马没收了她的手机。

现在孩子一再保证不会瞎玩手机，提出想拿回手机并且自己保管，我不知道应该如何回答。

➢ 讨论分析

手机、平板电脑等电子产品是时代的产物，当下的生活、工作、学习都离不开它。我们时常陷入“三难”境地：孩子使用家长的手机，我们会担心他是否会翻看我们使用的App软件；限制孩子使用手机，我们又会担心孩子跟不上学习进度，落后于同龄人；让孩子拥有自己的手机，我们又担心他过度使用或过度依赖，导致荒废学业。真是左右为难，困扰不已。其实，孩子是否可以独立使用或保管手机，因“家庭”而异。不妨问问自己以下三个问题：

1. 是否了解孩子当下的发展阶段？ 孩子成长过程中，我们需要帮助他们顺利度过几个发展阶段。埃里克森提出了人格的社会心理发展理论，他建构了个人发展的“心理社会性发展”模型，把人的一生发展划分为八个阶段，其中前五个阶段（0—18岁）属于儿童成长和接受教育时期。5—12岁的发展任务是培养勤奋感，我们需要孩子掌握知识的同时，培养孩子的自尊、自信和规则意识。12 岁以后青春期的发展任务是培养孩子的自我同一性，我们需要协助孩子建立自我同一性，特别是理想自我与现实自我的同一性。自我同一性的建立可以使孩子了解自己，认识自己想要独立管理手机的动机以及保管手机的能力等。

2. 是否看到使用手机的积极作用？ 我们总是担心孩子使用手机带来的消极影响，却忽视了它所带来的积极作用。引导孩子正确、合理地使用手机的前提是我们能够“正视”它，而不是一而再再而三地否认它。我们会发现，孩子能通过手机看到更加多彩的世界，看到父母、老师和书本所传授的以外的思想观念；能通过手机快速便捷地查阅资料，增加一个连接世界的渠道；能通过手机聆听一首歌、看一场电影，多一个放松的途径；更能通过手机，扩大交友圈，了解国际学习动态。

3. 是否能发挥家庭潜移默化的影响功能？ 家庭在中学生的手机使用中扮演着重要的角色，我们不仅是孩子使用手机的协助者，还是孩子使用手机的支持者。家庭潜移默化的影响功能就是让孩子在无意识的、自觉的情况下，受到家庭环境的影响和熏陶。我们成年人都未必能做到自控、自律，更何况孩子的控制能力才刚开始萌发，更不具备足够的控制能力。我们可以把家庭成员使用电子产品的现状，作为判断孩子是否能够独立保管手机的标准之一。

➢ 策略建议

据研究，部分孩子由于家长的引导和监督不足，已经产生电子产品过度使用的现象，这让很多家长更纠结于“手机由谁保管”的问题。如果家长选择让孩子自行保管手机，可以参考以下建议：

1. 塑造良好的家庭环境，身教重于言传。我们常说：“打铁还需自身硬。”我们可以潜移默化地影响孩子，是教会他合理使用电子产品的最佳老师。如果我们认为“手机只是生活的工具”，就像公共汽车是我们生活中最基本的出行工具一样，在居家生活中，我们就要减少电子产品的使用，以身作则；如果我们大人中有人使用电子产品过度时，另一个大人及时给予制止，孩子也能从中得到信息——原来我们家不允许沉迷于玩手机。

2. 创建和谐的家庭关系，亲近孩子内心。家庭的教育方式和家人的支持对孩子的影响极大，家庭关系的好坏是中学生经由童年向成人过渡时期能力和自信的关键决定因素。孩子有没有能力独立管理手机？这取决于家庭内部的互动，因为功能失调的家庭沟通方式会扭曲和干扰孩子的想法和情绪，所以我们需要与孩子建立心灵上的沟通，尊重孩子、了解孩子真正的内心需求。比如：可以制定一个固定的“家庭日”，一起去户外郊游、一起进行一项体育运动；可以倾听孩子对于自行保管手机的需求与想法，针对保管手机问题有个协商、辩论的过程；彼此尊重，相对自由、和谐的亲子关系，能让孩子相信自己可以做到不过度使用电子产品。

3. 签订适宜的家庭契约，保持信任态度。针对孩子使用手机时长问题，我们可以从“监督”走向“合作”。可以就自行保管手机问题签订一份协议，共同约定手机使用的规则和每天平均使用时长限定，尽量细化到使用手机的时间段，预防孩子刷手机到半夜。规定时间段内，我们给予充分信任，不干涉孩子使用手机的情况，孩子可以完全自由支配，以便逐渐养成孩子合理使用手机的良好习惯。如果在规定时间段以外多次发现孩子违规使用，那么，可能孩子还无法做到独立管理手机，我们可以根据协议内容做相应处理。

不得不说，是否可以让孩子独立管理手机的问题并没有标准答案。毕竟每一个孩子的个性不同，每一个家庭的内部环境不同，每一个家庭的交流方式也不同，所以能不能把手机保管权交给孩子，取决于我们家长自身，取决于家庭氛围，取决于我们对孩子的认识与了解。

当然，如果孩子已经有沉迷手机网络的倾向，则可以寻求学校心理老师的帮助或求助专业的心理咨询机构。

手机使用巧管理

——孩子不肯交出手机，怎么办？

上海市曹杨中学　殷　瑛

➢ 家长困惑

我女儿上高一了，成绩已经处于班级后几名，回家后还是控制不住玩手机，一玩就两三个小时，导致作业要做到凌晨一两点才能睡觉。为了手机的事情，我已经跟女儿争吵了好几次，跟她讲道理、强制把手机没收，但还是无法改变她玩手机的坏毛病。有什么办法可以让孩子自己减少玩手机的时间呢？或者在约定的时间内，让她主动将手机交出？

➢ 讨论分析

孩子为什么会沉迷于手机、平板电脑等电子产品无法自拔呢？

可能有以下几个原因：

1. 娱乐和放松身心。对于高中阶段的孩子来说，学习压力、人际关系的压力、情绪的压力都会使他们身心疲惫，他们需要一个空间去排解压力，电子产品可以提供很多具有娱乐功能的软件，比如视频平台、微信朋友圈、各种游戏等，可以帮助孩子们暂时忘却烦恼，成为他们心灵休憩的港湾。

2. 归属和身份认同。进入青春期后，孩子们都开始寻找一个答案：“我是谁？”进而，他们也将关注点从家长和老师等“权威人物”身上转移到同伴身上，他们内心强烈渴望被理解、被接纳、被认可。现实生活由于学业的压力等因素，无法让中学生有足够的时间和空间去探索自己，很多人就会借助网络这个便捷的途径，在网上交朋友。

3. 学习和获取信息。网络时代的学习有时必须依靠电子产品完成，比如学校布置作业需要通过“晓黑板”等软件，小组合作学习也需要通过手机来沟通，一起合作完成任务。另外，中学生也会通过电子产品获取外界的咨询和信息，拓宽知识面。

4. 自控力薄弱。中学生容易沉迷电子产品无法自拔，除了电子产品的娱乐功能、社交功能和学习功能外，最重要的原因是中学生大脑发育不成熟导致自控力薄弱。当中学生看到好玩的东西时，容易激发大脑“杏仁核”区域兴奋，这个区域会让中学生追求享乐，为所欲为。但是，随着年龄的增长，每个人对自己的行为有了更多的约束和管控，这是大脑前额叶皮层发展发挥的作用。前额叶皮层的功能是帮助人们保持理智，不被诱惑和冲动左右。而中学时期，大脑的前额叶皮层还未发育成熟，这个部分大概要 25 岁左右才能发育完善，从而导致中学生容易沉迷网络。

5. 不良行为习惯的影响。随着互联网的发展，现代孩子的成长离不开网络和电子产品，他们这一代被称为“网络原住民”，他们的生活方式、语言习惯、交友方式都受到了网络环境的影响。很多孩子习惯了电子产品的陪伴，一离开手机会出现焦虑等负面情绪反应，导致孩子无法离开手机。

➢ 策略建议

孩子过多使用电子产品对身心健康都会产生不良影响。长时间使用电子产品不仅会导致视力下降，还会影响智力的正常发展。但是，对于青春期的孩子，光靠讲道理、打骂或者没收手机的方式是没有效果的，那我们该怎么办呢？

1. 通过协商方式制定电子产品的使用规则。对于青春期的孩子，家长首先要尊重他们的自主权，因为青春期的孩子都希望自己的事情自己做主，因此，如果家长希望引导孩子，最好使用协商的方式。家长可以找个时间开一个家庭会议，目标就是如何更好地使用和管理电子产品，在充分听取孩子意见的基础上共同商定一些规则。家长也可以事先准备一些规则以供讨论，比如“每天使用电子产品的时间不超过一小时”“做完作业再玩手机”“作业过程将手机放在客厅”等，规则要充分与孩子讨论，这样的规则孩子才会认同和遵守。其次，制定规则只是一个开始，让孩子学会遵守规则是一个循序渐进的过程，家长要在规则中明确制定“奖励”和“惩罚”措施，也就是说，孩子如果遵守了规则会得到什么奖励（孩子内心想要的），如果没有遵守规则将会受到什么惩罚（孩子认同的方法）。在规则执行期间，如果孩子违反规则，家长要温和而坚定地说“不”，这样才能培养孩子的规则意识。

2. 宜“疏”不宜“堵”。 正如前文中所说，追求享乐是人之本能，所以彻底切断孩子与电子产品的联系是不可行的。心理学家曾经做过这样一个实验，他们给三组被试看一段有白熊的影片，然后分别对他们说“你要记住那只白熊”“你会爱上那只白熊”“你不要想起那只白熊”，结果“不要想起那只白熊”的一组被试回忆“白熊”的次数最多。“白熊效应”告诉我们，越压抑越反弹。所以，要引导孩子健康使用电子产品，需要家长耐心引导，培养健康的生活习惯，而不是用简单粗暴的方式断绝孩子使用电子产品。

3. 言传身教的力量。 要培养孩子使用电子产品的良好习惯，要言传，更要身教。有些家长非常反对孩子玩电子产品，甚至用严厉的方式管制孩子，但是自己却成天拿着手机不放手，这样的家长是无法让孩子心服口服的。家长是孩子的第一任老师，家长的行为对孩子的为人处事有着深远的影响。所以，对孩子最好的教育方法不是讲多少道理，而是家长如何做。

物尽其用还是饮鸩止渴

——电子产品可以作为奖励吗？

上海市北虹高级中学　周　琳

➢ 家长困惑

老师，您好！我孩子今年读初一。虽然已是中学生，但感觉他还是挺幼稚的。孩子非常喜欢打网络游戏，一直想方设法向家长提条件，要用手机和平板。我和孩子爸爸在孩子使用电子产品方面有很大分歧，为此还吵了好几次架。我觉得现在不严格约束，到初二、初三就更加控制不了。所以我希望孩子除了必要的网课之类的学习需求，其他时间少碰电子产品，最多周末让他玩玩消遣一下，更不能因为孩子做完作业或者考试考得好就随便他用。但是孩子爸爸觉得，只要不影响学习，奖励孩子使用电子产品可以让他学习自觉又有效率，还美其名曰"让他学会自我管理"。我想向老师咨询一下，电子产品到底能否作为对孩子的奖励呢？

➢ 讨论分析

很少有家长会问，美食可以作为奖励吗？书本可以作为奖励吗？因为家长们极少会担心孩子"美食成瘾"或者"书本成瘾"。胃口有限，美食吃得多就会腻；沉迷看书，只要内容健康，估计不少家长都乐见其成。那为什么对于电子产品能不能作为对孩子的奖励，家长们会有很大分歧呢？因为相比传统的奖励，不少家长已经意识到了电子产品的独特性：吸引力强不易腻，内容多元不易控。

电子产品所具有的独特魅力，让家长们又爱又怕。它能让好动的孩子安静地坐半天，也能让一贯磨蹭的孩子迅速地把作业写完。但父母内心深处也忧惧这个"奖励"可能带来的反噬。有关孩子沉迷电子产品，或因使用电子产品而和家人起冲突的报道屡见不鲜。求助信中的妈妈可能担心孩子出现类似的情形，因此对电子产品严防死守，尽可能减少孩子和电子产品接触的可能。而爸爸则更倾向用疏导的方法。爸爸会认为在当今生活学习中，电子产品已是必备工具，完全隔绝是很难做到的。与其有朝一日压制不住孩子，出现使用电子产品“决堤”的情况，还不如用奖励的形式允许孩子合理使用，让他渐渐学会自我管理。虽然父母两人的理念与方法不同，但对孩子使用电子产品可能出现失控行为的担心是一样的。

在回答电子产品是否能作为奖励之前，建议家长先试着回答以下三个问题，看看您自己是否已经做好了准备：用电子产品作奖励是为了让自己更轻松，还是的确想改善孩子的某些行为习惯？是否了解孩子的兴趣爱好，除了电子产品，还有哪些可以作为奖励的备选项？在允许孩子使用电子产品之前，是否和孩子关于使用内容和时间等进行过“约法三章”了？

➢ 策略建议

很难一刀切地说电子产品“可以”或者“不可以”作为奖励。每个孩子的脾气秉性不同，每个家庭的教育理念也不一样。如果父母双方都不同意把电子产品作为奖励，那就继续执行这条“家规”：电子产品就是一个现代化工具，不作为奖惩之用。

和其他工具一样，电子产品什么时候可以用，用的时候需要注意些什么，父母在交给孩子工具之前，应给予孩子必要的指导。如果家长准备或已经把电子产品作为奖品，那应当注意以下几点：

1. 奖励孩子可控的行为过程而非行为结果。依据成绩和名次奖励孩子的方式是有风险的。成绩和名次除了与孩子的努力有关之外，还与考试难易程度、他人的表现等外因有关。对不可控结果的高期待容易引发无意义的焦虑，同时对结果的关注和奖励对孩子学习习惯的养成也没有帮助。奖励的目的应是强化孩子良好的学习与生活习惯。家长可以奖励孩子自身可控的行为，比如每天有效率地做完作业并进行自我检查后，可以用电子产品娱乐一会儿；坚持背一周的英文单词后，周末奖励使用电子产品，等等。

2. 提前定好电子产品的使用规则。关于电子产品具体的使用时间和规则需要提前和孩子约定好，双方均应严格遵守。比如规定好可以用电子产品做什么，可以玩哪些游戏，是否可以网购，或者给游戏充值，网络聊天需要注意些什么。

每个家长心中关于电子产品的“家规”不同，比如有些家长只允许孩子用电子产品看看电影视频和新闻，不允许孩子玩电子游戏；有些家庭则允许孩子玩益智类的游戏；而有些家长无所谓，只要是正规游戏都可以。这些关于电子产品使用的“家规”没有对错之分，和每个家庭的情况以及父母的价值观有关，父母达成一致之后明确告知孩子就可以了。

3. 支持孩子兴趣发展，激发孩子内部动机。对于电子产品奖励而言，最好的替代品就是孩子的兴趣爱好。不论是运动、音乐还是手工、阅读，当孩子沉浸其中，获得快乐、成就感和控制感时，电子产品的吸引力就会大大下降。家长应在孩子中小学阶段，尤其是小学阶段就观察孩子什么时候会处于“心流”状态，即他会全神贯注于什么活动，不愿意被他人打断。家长积极鼓励孩子的兴趣发展，给予孩子体验和实践的机会，孩子就比较容易发展出内部动机，即自己想去完成什么任务，而不是为了获得外在的奖励，被要求去完成任务。若孩子缺少兴趣爱好，仅仅通过电子产品产生控制感、成就感，体验到“爽”的感觉，就很容易打破与家长关于使用电子产品使用的约定，形成对电子产品的过度依赖。

游戏人生 vs 上网契约

——孩子打游戏时间过长怎么办？

上海市华东理工大学附属中学　包遵锋

➢ 家长困惑

我儿子今年初二，他在初一的时候还基本上能控制上网玩游戏的时间，谁知道 2020 年疫情暴发，孩子借助上网课的机会，经常偷偷玩游戏，渐渐成瘾了，我们再怎么劝他也不听。从一开始的偷偷玩，到现在的明目张胆玩，简直是机不离手。他每天晚上要玩到很晚才睡，白天没精神，作业经常不做。我们想过强行没收他的手机，他却说：“不给我手机，我就不去上学了。”看着孩子变成这样，我们家长十分着急，不知道如何处理这个棘手的问题。

➢ 讨论分析

电子产品（智能手机、电脑、平板电脑等）已经是当今社会重要的工作、学习、社交和娱乐工具。中学生由于自控能力相对比较弱，常常会出现过度使用的情况，严重影响了孩子的学习、生活甚至身体健康。究其原因来说，主要有以下几个方面：

1. 电子产品本身对孩子的诱惑比较强。现在的游戏种类很多，无论是精美的游戏界面，充满挑战性的情节，还是环环相扣的闯关设计，对于好奇心比较强的中学生来说都是一种难以抗拒的诱惑。有的孩子在现实中很难得到别人的赞扬和肯定，而在虚拟的游戏世界里却能够轻易获得，这些都会对孩子有着很强的吸引力。

2. 中学生的自控能力比较弱。很多孩子一开始还是能够控制游戏时间的，根据心理学上的边际效应递减原理，随着游戏的渐渐深入，需要投入更多的时间和精力才能获得相同的游戏快感。然后，孩子打游戏的时间会越来越长，越来越难以自拔，以至于电子游戏给他们带来的快乐是日常生活中的快乐无法替代的。

3. 家庭教育存在缺失。按照家庭系统理论，每个家庭都是一个系统，家庭成员之间的行为会彼此影响。任何一个不良习惯都不是短期形成的，孩子现在过分依赖电子产品，一般都与家长的长期教育方式有关。那些在家庭中感受不到温暖与爱的孩子更加容易借助电子产品寻求安慰与快乐。从某种意义上讲，沉迷于电子产品是这些孩子逃避现实的一种途径。

➢ 策略建议

目前，孩子过于依赖电子产品从而影响学业，不仅是一些家长们十分头疼的问题，也是一个严重的社会问题。针对孩子上网玩游戏时间太长的问题，我们家长该怎么办呢？

1. 目标激励法。沉迷于电子产品的孩子一般缺乏明确的奋斗目标，容易在安逸生活中迷失自我。孩子一旦沉迷电子产品，家长通常会责怪与埋怨，缺少正面引导与合理监管，从而使其越陷越深，不能自拔。家长这时可以与孩子协商，帮助孩子树立新的奋斗目标，可以是短期也可以是长期的，给孩子明确为了实现目标应该做出怎样的努力。目标要具体合适，措施要切实可行。

2. 兴趣转移法。家长可以尝试培养孩子别的兴趣，与电子产品抢时间，降低孩子对电子产品的依赖。很多孩子在小时候都参加过一些课外兴趣班，甚至取得过很好的成绩。只是后来学业负担重了，不能继续参加，故而兴趣活动渐渐单一。家长可以与孩子协商，重新建立一些健康有益的兴趣爱好，甚至针对中考体育项目在家开展一些体育锻炼。通过兴趣培养和转移，鼓励孩子适当放下电子产品，做一些别的有意义的活动。

3. 契约法。针对孩子沉迷于电子产品的现象，家长可以尝试使用“契约法”，提高孩子的自控能力。在制定家庭契约时需要考虑以下几个方面因素：

约定好孩子使用电子产品的时间。家长要知道，制定契约是为了减少孩子的上网时间，很难通过契约杜绝孩子上网。如在上网契约中需要明确规定孩子在完成一定的学习任务之后才可以使用电子产品；每次使用的时间一般在1个小时之内；双休日可以适当延长时间；每晚22:00之前必须上床睡觉等。

约定好孩子使用电子产品的地点。研究表明，在有约束性的环境里使用电子产品，过度使用的可能性更小。对于年龄较小的孩子来说，建议家长将电子产品放在客厅或者家长的卧室之内，以便于家长进行管理。当孩子逐渐长大，会要求有个人的空间，家长在与孩子协定后，再允许孩子将电子产品带到自己的房间里面去玩。

约定好孩子使用电子产品的内容。在很多家长眼中，只要孩子一拿到电子产品就会玩游戏。虽然很多情况下的确如此，但家长还是别忘了适当引导孩子，科学、合理地使用电子产品，在上面做一些健康、有益的活动，比如查找学习资料、编程、练习听力等，尤其是那些对电子产品的依赖还不算很强的孩子。要知道，在电子产品使用的内容和方式上进行早期监管和引导，比后期批评更有效。

约定好必要的奖惩方案。如果孩子对契约的执行情况比较好,家长可以考虑给予适当的奖励,反过来,如果孩子违反了约定也应该加以必要的惩罚。只有奖惩分明,才能保障契约长时间地有效执行。当然,家长平时也要注意自身在家庭中的权威形象,尤其在电子产品使用的过程中,应在孩子面前以身作则,起到表率作用。

网络交友,由堵到疏

——孩子迷恋网络交友怎么办?

上海市崇明区民本中学　刘晓丹

➢ 家长困惑

一次偶然的机会,心理老师接到家长的咨询电话。

家长:老师,我的孩子现在特别喜欢网络聊天。我不知道怎么办。

心理老师:她和谁聊天呢?

家长:她不仅和班级同学聊天,还加了很多陌生的网友,我真的特别担心。我不知道应该怎么办。

心理老师:你有告诉她,你的担忧吗?

家长:我和她交流过很多次,她答应我不会再和陌生网友交流,可是我感觉她做不到。有一次她们约周末一起吃午饭,被我知道了,阻止了她,现在我想起来都害怕。我该怎么办呢?我真的很担心她受到伤害。

➢ 讨论分析

孩子为什么会出现这样的行为呢？网络交友又给他们带来怎样的心理感受呢？结合青春期学生特点，分析如下：

1. 满足好奇。生活大部分时候是平淡无奇的，有时需要新异刺激，网络千变万化的信息便是青春期学生的刺激源。网络交友方式和传统交友方式存在很大区别，现实生活中，受道德约束、时空限制，好奇心不能被充分满足。网络交友平台繁多，网友性格迥异，网络话题千奇百怪，网络交流的便捷性和不受限制性吸引着越来越多的孩子。在与网友的交流过程中，他们可以深入探索和了解社会，挖掘自己感兴趣的话题，猎奇心理得到了充分满足。

2. 缓释压力。孩子主动叙述自我面临的压力的过程就是自我疗愈的过程，主动倾诉是缓解压力的重要方式。面对学业和生活压力，很多孩子不愿意和家长、老师交流。他们更愿意将自身的感受毫无负担地告诉具有相同经验的陌生网友，在宣泄的过程中，大家相互倾诉，彼此帮助，彼此依赖，彼此安慰。

3. 排解孤独。每个人都有归属和爱的需要，高中生也不例外，他们也需要爱与被爱，渴望被理解。在现实生活中，孩子们渴望与他人交流，分享快乐与悲伤，又害怕大家知道自己内心的脆弱，所以他们通常不愿意向身边的人袒露心声。网络交流的虚拟性、及时性，为交流提供了便利，弥补了现实交流的缺陷。在虚拟的时空中，孩子不受压抑，可以肆无忌惮地和陌生人表达内心最真实的想法，且不会被批判、指责，并能获得及时反馈与支持，也不用担心由此造成的负面影响。与网友交流的过程，满足了孩子在情感或社交方面的需求，缓解了孤独。孤独感的缓解，又进一步刺激了更多网络交友行为的发生。

➢ 策略建议

网络交友就像一把双刃剑，一方面有助于孩子自身成长，另一方面也可能因为交友不慎导致伤害事件发生。家长可以从以下三点指导孩子安全网络交友：

1. 加强理性引导，避免意外。面对孩子与陌生网友交流，家长的态度应该由限制走向开放，多加关注和引导。家长要教育孩子在与陌生网友的交流过程中，合理控制上网时间，不透露个人信息，不轻易与陌生网友见面，不与陌生网友有资金往来，学会甄别网友发出的不良信息等。同时告诉孩子，交友中遇到困难，要及时与父母、老师沟通，共同化解问题。

2. 寻找减压措施，释放压力。日常生活中，努力为孩子营造轻松、愉悦的氛围，避免施加过大压力。一方面家长可以与孩子谈论压力的两面性，引导孩子正确认识压力；另一方面家长可以和孩子一起探索和体验释放压力的方式，比如户外徒步、看电影、听音乐、逛街、吃美食、做手工等。丰富的业余生活，既增进了亲子关系，提高了家庭幸福指数，又缓释了压力。

3. 鼓励同伴交流，缓解孤独。同伴是孩子最重要的亲密关系，家长应该鼓励孩子和同伴多交流，努力为孩子创造同伴交流的机会。在交流的过程中，孩子们可以相互倾听、相互支持、相互鼓励，彼此情感连接会更加紧密，内心的孤独感也会相应降低。如果在现实生活中，学生的情感需求得到了满足，他们就不再空虚、孤独、无助，与陌生网友交流的行为也会相应减少。

被微信难住的家长

——孩子沉迷微信怎么办？

上海市崇明区东门中学　李春燕

➢ 家长困惑

老师，您好！我是一个八年级女孩的妈妈。我发现我们家孩子进入青春期后，和我们聊天越来越少，她心里究竟在想些什么我们越来越不清楚。她六年级第二学期居家网课后，为了学习和生活方便，我们特地给孩子买了手机。刚开始我女儿不太使用微信，主要和我们联系用。但后来她用微信的时间和频率越来越高，和朋友聊天、刷朋友圈、刷小视频和看各种她感兴趣的公众号推送，等等。假期里，时间比较充裕，我们也没怎么管。但开学后，她还是会花很多时间在微信上，作业经常拖得比较晚，我们让她抓紧时间，不要分心，她会以讨论题目为由打发我们。有几次我看到她的群聊中有朋友发的图片很不雅，还有谁喜欢谁之类的内容。当我们要求查看她的聊天记录时，她说这是同学开玩笑发的，不要大惊小怪，她知道应该怎么对待。我们强烈要求检查消息记录时，她还发脾气说我们不相信她，不尊重她，认为我们在侵犯她的隐私。但她还是个小姑娘，还不成熟，很容易误入歧途。为了微信这事，我们和孩子也讲过不少道理，但她都左耳进，右耳出。现在，她已经八年级了，正是初中阶段的关键期，我们真的很担心。我们该怎样处理孩子沉迷微信的问题呢？

➢ 讨论分析

从这封信中，可以看到家长为孩子使用微信这个问题而苦恼。相信这位家长的本意是希望她女儿能合理使用，也可以让孩子适度地娱乐放松一下。但微信又犹如双刃剑，在带来诸多便利之时，也让家长们生出一些烦恼。从家长的描述来看，孩子微信的使用主要分为两个方面：一是社交，与小伙伴们沟通；二是浏览感兴趣的信息。家长的担忧是孩子使用微信的时间过长，次数频繁，影响学习生活，以及不良信息的影响……其实，微信只是一个工具和平台，关键在于孩子如何正确合理地使用，家长如何有效引导。

微信这种便利快捷的 App，让孩子摆脱了时间、空间、环境等的限制，网课、假期期间经常碰不到面的小伙伴们，通过微信可以紧密地联系在一起，随时随地与同伴诉说心事，分享感兴趣的内容，获得心理上的支持等，对青春期的孩子排解孤寂、无聊非常有效。对孩子来说，微信很大程度上能满足他们社交和娱乐放松等需求。

我们家长需要了解孩子进入青春期后，他们逐渐“走出”家庭，同伴逐渐代替家人，成为他们非常重要的人际关系。年龄相仿的孩子有许多共同的话题和兴趣爱好，青春期女生的友情从分享秘密开始。分享心事意味着信任，她们更在乎精神上的理解和情感上的支持；男生看重同伴义气，更在乎遇到问题时哥们儿间的无条件相助。而家长体验到的是孩子越来越不愿意跟自己沟通，他们的心事、秘密越来越不愿意说。而孩子也许考虑的是“我想说的事，家长没有耐心听，也听不懂我想说什么，我们有代沟，和他们有什么可说的呢？他们还总是教我要这样和那样做……”特别是，如果家长关注的重点总是围绕着学习的话，把所有的事都和学习扯上关系，孩子会觉得家长只在乎学习成绩的好坏，而非关心自己，便愈发不愿打开心扉与家长沟通。

青春期的孩子会在生理、心理上出现很大变化。对于生理变化，他们尤其充满好奇和困惑。如家长认为难以启齿或无从说起，由此避而不谈或随便应付，孩子的“好奇”得不到满足，他们会尝试自己探索，或者同伴间私下讨论。而“自学成才”的过程，也可能会让孩子“学偏”。家长发现的是孩子们关注情情爱爱的东西，还有一些带有不良信息的图片、视频或网页等，而孩子内在是对“性”充满了好奇、疑惑。当他们被“钉”在道德的角度被评价时，更多地会采用反抗的形式回应。

➢ 策略建议

家长无需一味地视微信为敌，可以多从孩子使用微信的功能来看其背后的心理需求，如此方能“对症下药、药到病除”。

1. 共商微信使用约定。在微信使用时长、频率上，亲子间可以沟通一下彼此的看法，比如家长可以表示孩子和小伙伴们联系是很正常的，也是必要的，家长也愿意支持，这是发展人际关系，提高沟通能力很好的方式。不过家长更支持孩子在学校课余时聊，不要让微信代替面谈，面对面地沟通能更清晰直观地了解对方的意思；如果没有时间而情况紧急的，可以在一定时间内简略一点讲完，不紧急的可以第二天再谈；在自己学习，写作业时，手机尽量放在一边，不着急用微信询问同学，给自己独立思考和解决问题的时间，如确有困难需要讨论的，在完成会做的题目后，集中在一起，在某个不打扰同伴学习休息的时间里讨论……

在和孩子做约定时，尽量选择彼此都能接受的“条款”，并且以书面的形式写下，并相应的约定违反需要付出的代价。当孩子违约时，家长教育孩子时，先处理好自己的情绪，就事论事，不上纲上线，不论及人品，尽量冷静理智地与孩子沟通。

2. 转变角色，促进关系。对于青春期的孩子，家长越是想要管控他们，他们对抗得越厉害，“跑”得越远。因此，家长不妨转变一下角色，从“权威者”“指导者”的角色中走出来，用类似“大哥哥”“大姐姐”的方式跟孩子平等地交流沟通。妈妈可以跟女儿分享自己的青春期遭遇的一些迷茫，曾经的经历，过往的秘密；爸爸可以跟儿子在体育运动、益智游戏等活动中体验“属于男人们的乐趣”。通过分享青春期经历、互动游戏等，亲子间拉近彼此距离，增进了解，促进关系。对于孩子的同伴，家长也需要做一些了解，帮助孩子更全面客观地认识同伴，他们某些言行的恰当与否。面对同伴的影响与压力时，引导孩子学习如何正确应对。

3. 试做青春引路人。面对青春期孩子开始对自身发育有疑问，对“异性交往”“异性好感”“性行为”等方面产生兴趣和好奇时，家长可以尝试从以下几个方面做引导：家长（特别是和孩子同性别的家长）可以以大方的态度，科学地引导孩子认识生理上发生的变化，例如：体貌的变化、生殖器的发育、个人清洁卫生、自我的保健、性冲动的处理等。家长也可以帮孩子筛选、购买一些适合青春期孩子看的书籍，让他们对自己正在经历的“狂风骤雨期”有一些了解。在“异性好感”“异性交往”等方面，帮助孩子们了解异性好感的处理、交友尺度的把握、自我保护的技巧等。

孩子拒绝上学，谁之过？

——孩子过度依赖电子产品拒绝上学，怎么办？

上海市北虹高级中学　周　琳

➢ 家长困惑

老师，您好！我孩子今年初三，开学已经一个多星期了，他还天天赖在家里不肯去学校。我和孩子爸爸很着急，但也实在想不出什么办法。我和先生工作都很忙，孩子生活平时主要由保姆照顾。之前有几次他说身体不舒服要求我们帮他向学校请假，我们都答应了。后来才发现他是因为玩手机到半夜，早上才会头晕、没有精神，起不了床。暑假的时候他经常一个人在家，更是没人能管得了他用电子产品。临近开学，很多作业都没完成，他就不肯去学校。我们和他谈条件，他也常常言而无信，或者索性耍赖躺在床上不肯起床。孩子这样过度依赖电子产品，不肯上学，我们家长真的急死了，不知道该怎么办？希望老师能帮帮我们！

➢ 讨论分析

1. 家长“甩锅”容易忽视孩子真正心理问题。如果要用一句话来回答家长的问题，那就是“孩子拒绝上学这个锅，电子产品不背”。没有了电子产品，孩子就会去上学吗？大概率还是会待在家里。

当遇到问题时，习惯性地“甩锅”给外在因素（不是我们家长/孩子不够好，而是电子产品太吸引人）是我们心理自我保护的一种本能。

这种思维方式是不是有些眼熟？在电子产品之前，“拒学背锅侠”的角色常常由游戏机、电视、漫画、小说书等来担当。但指责这些“诱惑”，想尽办法让孩子远离它们，家长常常会发现问题并没有解决，而亲子冲突和孩子的行为问题却愈演愈烈。“甩锅”是容易的，但是不能解决问题。所以当孩子出现拒学等类似问题时，家长首先不要急着指责“诱惑”或修理孩子，而是看看如何更好地理解孩子，通过改变自己的行为来帮助孩子。

2. 孤独感容易让孩子养成不良习惯。人类是群居的动物，天生有交往的需求。如果环境让一个人倍感孤独，感觉无法与周围人连接，那么他很可能与所能吸引到他的事物连接来舒缓压力。从家长字里行间的描述中，我们能感觉到孩子的孤独：父母工作很忙，生活由保姆照顾，假期长时间一个人待在家里，初三同学们忙于学习，同龄人之间的联系也变弱了。手机，变成了孩子与他人、与这个世界连接的重要甚至是仅有的工具。孤独，缺乏交流的孩子很容易沉溺于某一事物，不是电子产品也可能是其他吸引他的东西。

3. 精神空虚容易让孩子对电子产品产生依赖。除了孤独以外，缺少目标与梦想的中学生也很容易沉溺于电子产品。短视频、网络小说和游戏都是消磨时间的利器。缺少对生活控制感，对未来没有梦想的孩子，也会长时间使用电子产品。这时候，即便没有“电子诱惑”，孩子也只会发呆而已。

因此，阻止孩子过度依赖电子产品的最大力量，不是外界强加的干预，而是让他与人有新的联结。如果他有可以交流沟通的家人、朋友，有自己的兴趣爱好，有梦想有目标，那他除了玩电子产品，还有很多其他事情可以做。

➢ 策略建议

1. 请专业人员评估孩子所遇到的问题。孩子拒绝上学，原因可能是多方面的。家长可以和学校心理教师沟通，或者请心理咨询师为孩子与家庭做一个全面的“心理体检”。孩子的学业遇到什么困难？孩子校内外的人际关系如何？家庭的互动模式是怎样的？在接触的众多案例中，我们发现很多时候孩子是借由“拒绝上学”这一行为来大声疾呼自己的想法，希望家长通过这种方式能认真听听自己的心声：如“我很孤单”“我希望家里人能在一起吃饭”“我希望你们不要只关心我的成绩！”等。孩子通过语言表达，家长听不见；孩子通过让自己生病来表达，家长没在意；那孩子“不上学”这件事足以成功引起家长的重视，让家长暂停自己的脚步，尝试认真倾听孩子的心声。

2. 了解孩子青春期身心发展的特点。在指责孩子过度依赖电子产品之前，家长应了解青春期孩子的身心发展特点，这样才能更好地理解他们的行为及情绪变化。如果用一个词概括青春期孩子的心理特征，那就是“矛盾”。青春期的孩子总是憧憬成熟又留恋童年；追求自由独立又无法承担相应的责任；拒绝长辈的管束却又渴望大人们的理解与支持。了解了青春期的特点，知道孩子们身心蜕变的历程，家长们才能更好地解读中学生的内心世界。

譬如，经常会听到家长抱怨：“孩子现在不愿意和我讲话，一回家就关上自己房间的门。”独立意识（我的时间/空间我做主）和对成年人的不满及不信任（你们不理解我，说了也没用）让青春期的孩子对家长关上了心门。但同时，中学生的封闭也让他们倍感孤独和寂寞，很渴望与他人交流，并得到理解与认同。因此，常常发现锁上房门的同时，中学生打开了聊天软件，向同伴甚至是陌生人打开心扉畅谈。

3. 和孩子平等交流，做倾听者、参谋者，而不是裁判员与法官。家长的责任心和价值观经常让我们不由自主地对孩子的言行进行评判和指导。我们担心孩子行差踏错，忧虑孩子虚度时光。然而青春期这个阶段是高度反控制的年龄，对于家长的批评和约束，中学生会有明显的阻抗。家长如果像裁判、法官那般交流，孩子哪怕理智上承认家长的说法是正确的，行动上也不会乖乖照着做。青春期的亲子交流不是直接灌输一个观念给孩子，而是和孩子平等的交流讨论，让孩子学会怎么去看问题，怎么换位思考，让孩子思维慢慢成熟。家长可以以倾听者和参谋者的态度，倾听孩子的想法，当孩子需要帮助和支持时提供建议。

参考文献

Beard W, Wolf M. Modification in the proposed diagnostic criteria for Internet addiction [J]. Cyberpsychology and Behaviour, 2001, 3(4):377—383.

Davis R A. A cognitive-behavioral model of pathological Internet use(PIU). Computers in Human Behavior, 2001, 17(2): 187—195.

Roger R. Hock.改变心理学的 40 项研究[M].白学军,等译.中国轻工业出版社,2004.

Young K.S. Internet addiction: the emergence of a new clinical disorder[J]. Cyberpsychology and Behavior, 1996, 1(3): 237—244.

Young K. S., Rodgers R. The relationship between depression using the BDI and pathological Internet use[C]. The 105th Annual Convention of the American Psychological Association, Chicago, 1997.

芭芭拉·弗雷德里克森. 积极情绪的力量[M].王珺,译.北京:

中国人民大学出版社,2010.

边玉芳,钟惊蕾,周燕,等.中学生心理危机干预[M].上海:华东师范大学出版社,2010.

陈淑惠,翁俪祯,苏逸人,等.中文网络成瘾量表之编制与心理计量特性研究[J].中华心理学刊,2003, 45(3):279—294.

陈侠,黄希庭,白纲.关于网络成瘾的心理学研究[J].心理科学进展,2003, 11(3):355—359.

陈星辰.互动理论视角下手机暴力游戏对中学生的消极影响研究[D].郑州:郑州大学,2021.

陈亚旭.网络游戏与网络沉迷[M].宁波:宁波出版社,2018.

丁倩,罗星雨,黄璐,等.父母冲突对中学生手机成瘾的影响:基于溢出假说和情绪安全感理论[J].中国临床心理学杂志,2022, 30(3):653—657.

董学体,周明婉,王志滨,等.核心自我评价、生活质量与中学生手机依赖的关系研究[J].中国药物滥用防治杂志,2022,28(2):163—167.

傅安球.实用心理异常诊断矫治手册[M].上海:上海教育出版社,2019.

郭白璐.互联网时代下网络游戏的文化传播效果分析:以手机游戏为例[J].传媒论坛,2020, 3(10):138—140.

郭坤嫡.初中生未来时间洞察力与手机成瘾的关系:成就目标定向的中介作用[D].重庆:西南大学,2020.

郭永芬.初中生网络成瘾与应对方式、时间管理、焦虑情绪关系的研究[D].上海:华东师范大学,2011.

何安明,万娇娇,惠秋平.手机依赖与青少年心理健康的关系:

学业倦怠的中介作用和应对方式的调节作用[J].心理发展与教育,2022, 38(3):391—398.

何妍,俞国良.手机依赖对青少年心理健康的影响及应对思路[J].中小学心理健康教育,2021, 477(22):4—7.

疾病预防控制局.中华医学会精神病学分会、中华预防医学会精神卫生分会、中国医师协会精神科医师分会、中国心理卫生协会、中国药物滥用防治协会关于游戏障碍防治的专家共识(2019)[EB/OL]. [2019-07-15]. nhc.gov.cn.

蒋佩.手机上瘾的消解:从家庭系统的视角理解个案中的中学生[J].心理与健康,2022, 300(1):21—23.

蒋俏蕾.中国中学生的网络沉迷研究:特征表现、风险因素与干预策略[M].北京:人民出版社,2018.

井立沛,李振兴,程显新.教养方式对中学生问题手机使用的影响:生命意义感的中介作用[J].内江师范学院学报,2021,36(6):1—6.

卡罗尔·德韦克.终身成长[M].楚祎楠,译.南昌:江西人民出版社,2017.

凯利·麦格尼格尔.自控力[M].王岑卉,译.北京:文化发展出版社,2013.

克里斯·罗文.“被”虚拟化的儿童[M].李银玲,译.上海:华东师范大学出版社,2013.

雷雳,伍亚娜.青少年的同伴依恋与其互联网使用的关系[J].心理与行为研究,2009, 7(2), 81—86.

李静,童宏亮.“被”技术化的儿童:成因·问题·对策[J].西南大学学报(社会科学版),2016, 42(6):85—90.

李筱筱,史娜娜.短视频对青少年发展的负面效应及应对策略[J].青年与社会,2020(5):50—53.

梁瑞.呼和浩特市某中职学校学生手机成瘾与无聊感及学习倦怠的现况调查[D].长春:吉林大学,2019.

刘勤学,杨燕,林悦,等.智能手机成瘾:概念、测量及影响因素[J].中国临床心理学杂志,2017, 25(1):82—87.

刘胜枝.哪些因素在影响青少年的手机使用行为及效果[J].人民教育,2021(8):37—40.

刘晓东.青少年手机成瘾的治理研究:以日照市为例[D].曲阜:曲阜师范大学,2021.

刘亚娜、高英彤.青少年沉迷网络游戏及引发犯罪的实证研究与应对机制[J].山东大学学报(哲学社会科学版),2020, 3:9—21.

欧居湘.青少年学生网络成瘾问题研究[D].重庆:西南师范大学,2003.

任俊.写给教育者的积极心理学[M].北京:中国轻工业出版社,2010.

山下英子.断舍离[M].贾耀平,译.长沙:湖南文艺出版社,2019.

石晓辉.亲子冲突对中学生手机游戏成瘾的影响——自我控制、非适应性认知的链式中介作用[D].哈尔滨:哈尔滨师范大学,2020.

田雨,卞玉龙,韩丕国,等.羞怯对网络成瘾的影响:沉浸倾向和网络非适应性认知的中介作用[J].中国特殊教育,2015, 186(12):83—89.

田泽远,马振,刘希佳.高校大学生颈椎亚健康流行状况及其影响因素分析[J].潍坊医学院学报,2019, 41(1):72—74.

屠斌斌,章俊龙,姜伊素.大学生手机成瘾倾向问卷的初步编制[J].和田师范专科学校学报,2010(4):48—50.

王建.短视频的传播特点及影响:以抖音 App 为例[J].青年记者,2019(1):92—93.

王小辉.中学生手机依赖现状及与社会支持、社会适应性的关系研究[D].福州:福建师范大学,2011.

卫生部疾病预防控制局.儿童中学生心理健康 100 问[M].北京:东方出版社,2012.

吴增强,张建国.青少年网络成瘾预防与干预[M].上海:上海教育出版社,2007.

伍海燕,王乃戈,罗跃嘉.脑、认知、情绪与教育[J].教育学报,2012, 8(4).

奚婉,胡玉正.青少年网络游戏成瘾的研究现状与展望[J].应用心理学,2022, 28(1):3—19.

徐华,吴玄娜,兰彦婷,等.大学生手机依赖量表的编制[J].中国临床心理学杂志,2008(1):26—27.

徐慧雯.初中生父母教养方式与手机依赖的关系:一般自我效能感与心理韧性的中介作用[D].保定:河北大学,2021.

叶冬娇.高中生家庭教养方式、亲子依恋、心理弹性与手机依赖的关系研究[D].哈尔滨:哈尔滨师范大学,2021.

喻承甫,刘莎,吴涛,等.父母体罚与青少年网络游戏成瘾:一个有调节的中介模型[J].华南师范大学学报(社会科学版),2017, 4:92—99.

张高产.积极心理品质对大学生网络成瘾预防作用的研究

[D].上海:华东师范大学,2005.

张锦涛,许琳璇.儿童青少年网络游戏成瘾的机制研究和干预应对[J].教育家,2020(12):40—43.

张正中,王伟奇,姜辉友.关于手机依赖的研究综述[J].湖南大众传媒职业技术学院学报,2015, 15(3):23—27.

赵娜,李红梅,田朝霞.山西省汾阳市高中生手机使用情况与血压的相关性分析[J].全科护理,2019(1):109—112.

甄霜菊,张晓琳,叶诗敏,等.同伴游戏比例与青少年网络游戏成瘾:一个有调节的中介模型[J].教育测量与评价,2017(8):46—52.

中新网.当心!研究称长期玩手机的儿童大脑似出现变化[EB/OL].[2018-12-10]. https://baijiahao.baidu.com/s?id=1619446265629102385.&wfr=spider&-for=pc.

周爱保,康诚.青少年网络成瘾者的应付方式特征[J].中国心理卫生杂志,2007, 21(4):251.

朱倩,郭海英,潘瑾,等.流动儿童歧视知觉与问题行为——心理弹性的调节作用.中国临床心理学杂志,2015, 23(03):529—533.